ちくま学芸文庫

大嘗祭

真弓常忠

筑摩書房

大嘗祭　目次

大嘗祭

一　昭和の御大典

国を挙げての大典

今上天皇の御即位式が行われたのは、昭和三年十一月のことであった。それは京都に於いて挙式された。一般に御大典《ごたいてん》と称し、京都御所に於ける式典のほか、全国各地でも官公庁、学校、各種団体がそれぞれ式典を行い、都市では花電車、花自動車、仮装行列、音楽行進等のパレードがあり、夜はイルミネーションで飾り、また記念の博覧会を開催するなど、まさに国を挙げての大典として御即位を祝ったものである。

一口に御大典と呼ばれたが、それは十一月十日の即位礼、十四日から十五日にかけての大嘗祭、及び十六日・十七日の二日間にわたる大饗を中心に、別掲の通りの諸儀が行われた。その大綱は、皇室典範と登極令に基づくものであった。

明治憲法下では、皇室典範（明治二十二年）は憲法と並ぶ国の大法であって、そこには第十条に、

天皇崩スルトキハ皇嗣即チ践祚シ祖宗ノ神器ヲ承ク

とあり、第十一条には

即位ノ礼及大嘗祭ハ京都ニ於テ之ヲ行フ

と定められていた。さらに登極令（明治四十二年）には、その実施の要綱が詳細に規定されていたのである。昭和の御大典はこの登極令に基づいて行われた。

剣璽渡御の儀

御即位式が行われたのは昭和三年であったが、それより先に践祚《せんそ》の儀があった。践祚とは皇位のみしるしである三種の神器（鏡・玉・剣）をお受けになって、事実上皇位を継承されることをいう。

大正天皇は、大正十五年八月より葉山御用邸付属邸に於いて病気御療養中のところ、十二月二十五日崩御になったので、直ちに同邸謁見室で「剣璽《けんじ》渡御ノ儀」が行われた。三種の神器の中、神鏡は常に賢所《かしこどころ》(けんしょ)に奉斎しているが、神剣と神璽（玉）は常に天皇と共に在るべきものとされていて、剣璽は葉山御用邸に御動坐になっていたのである。皇位は一刻たりとも空位でおかれるべきではないので、直ちに継承されることが必要である。それ故、その場で行われたのが「剣璽渡御ノ儀」で、午前三時十五分、各皇族が侍立し、東郷平八郎以下諸員参列して内大臣（牧野伸顕）や宮内大臣（一木喜徳郎）らの奉仕により行われ、皇太子裕仁親王殿下はこれによって事実上の皇位に即かれたわけである。これを践祚という。同時刻宮中賢所では掌典長以下により践祚の旨の奉告が為された。

改元

践祚の式を訖えると、次は改元である。往古に於いては代始改元・祥瑞改元・辛酉革命改元・甲子革命改元等があったが、皇室典範によって一世一元の制が確立せられ、登極令に於いて「天皇践祚ノ後ハ直ニ元号ヲ改ム」と規定せられたのに基づくもので、内閣総理大臣（若槻礼次郎）に対し元号建定の立案を勅命になった。そこで総理大臣は閣議を開き枢密顧問の諮詢を経て、勅裁を仰いで建てられた元号が「昭和」であった。典拠は、尚書堯典に曰う「百姓昭明、協和万邦」であることは周知の通りである。

そして一年間の喪の期間（これを諒闇《りょうあん》という）を経て、昭和三年十一月、御即位式が行われることとなったのである。

宮中三殿に御奉告

その最初の儀は、期日が御治定になった趣を賢所・皇霊殿・神殿の宮中三殿に御奉告になる御儀である。一月十七日午前十時より行われた。まず賢所に祭ってある皇祖天照大神の神霊に御奉告になる。これは古儀のまま掌典長以下掌典が奉仕、大礼使長官（公爵近衛文麿）以下、及び内閣総理大臣（田中義一）以下が参列し、陛下には束帯黄櫨染《こうろせん》の御袍、皇后陛下には五衣《いつつぎぬ》・小袿《こうちぎ》・長袴を召されて御拝礼、御告文《みつげぶみ(ごこうぶん)》を読まれた。

次いで、皇霊殿・神殿に順次御拝礼になり、同日午後は、神宮、神武天皇山陵、並びに前帝四代（仁孝・孝明・明治・大正）の山陵に勅使を発遣の儀が行われ、勅使はそれぞれ午後、御幣物を奉じて出発、一月十九日、神宮及び各山陵に奉幣を終えた。

斎田点定の儀

次は悠紀《ゆき》・主基《すき》の斎田点定の儀がある。悠紀・主基というのは、大嘗祭に天皇が天照大神はじめ天神地祇に奉り御親らも聞こしめす（召し上がる）新穀を耕作する神聖な田を定めるのであるが、古来の亀卜という亀の甲を焼いて占う方法によって、この度は、悠紀は滋賀県、主基は福岡県と定められた。両県では斎田候補地を選定、悠紀斎田は滋賀県野洲郡三上村に、主基斎田は福岡県早良郡脇山村と決定し（三月十五日）、以後神聖な上にも神聖な扱いを以て耕作に従事することになる。斎田を大田といい、その所有者を大田主という。斎田の祓式（三月）、田植式（六月）等、それぞれ地方の神官奉仕の下に県知事以下参列し厳粛な中に奉祝の気の溢れた行事であった。

抜穂の儀

かくして稲の成育した九月、抜穂《ぬいぼ》の儀がある。悠紀は九月十六日、主基は九月二十一日であった。抜穂使《ぬいぼのつかい》以下は前日参着、大祓を行われ、当日抜穂使は斎田の側に設けられた神殿に参進、祝詞を奏し、大田主は雑色十人を従えて稲田に降り、垂穂を刈り取り、抜穂使の点検を受けた上、稲実殿に納める。その日はそれぞれ地方色豊かな踊、舞等の各種催しがあり、奉祝の賑わいに溢れた。これらの稲は悠紀は十月十六日、主基は十月十七日京都に運ばれ、大宮御所内の大嘗宮の斎庫に納められた。

京都行幸

天皇陛下は十一月六日、皇居御出発に先立って温明殿《うんめいでん》にて祭典を行われ（午前四時）

春興殿（賢所を奉斎、賢所大前の儀を行う）

賢所は御羽車に移し奉り、掌典補が奉舁して出御になるが、このとき天皇・皇后両陛下は内庭に降り立って畏敬の意を表される。これを庭上下御の儀という。これは神鏡が天降りますに際し、陛下も地上に下りられるものとされているのである。

それより鹵簿《ろぼ》を整えて出発（午前七時）、剣璽は侍従が捧持して二重橋正門を通り東京駅着、お召列車にて京都に向かわれ、途中名古屋にて駐輦、京都着御は七日午後二時、天皇陛下は剣璽とともに御下車、賢所は掌典長以下が奉仕して移御、三時三十分賢礼門に至り、賢所は春興殿に渡御、天皇・皇后両陛下は御車寄に着御になった。

春興殿は京都御所内紫宸殿の東方にあり、京都御所内に於ける賢所奉斎の御殿である。御羽車にて着御になるや、掌典長以下が奉仕して内内陣の御座に奉遷の上、祭典を行い、両陛下の御代拝が

高御座（手前。奥は皇后御座の御帳台）

高御座内部（中央御椅子、向かって右剣璽案、左式筥案）

ある。

賢所大前の儀

即位礼当日の十一月十日、賢所大前の儀は春興殿にて、天皇陛下御親ら今日のよき日に即位礼を行うことの由を皇祖に御奉告になる御儀である。午前九時より始まり、十時十二分御告文を奏された。

紫宸殿の儀

即位礼の本儀である紫宸殿の儀は十日の午後に行われた。親王、諸王、内閣総理大臣以下、紫宸殿前庭に整列、天皇陛下には高御座に昇られ、勅語を以て「大統を承け、神器を奉じて茲に即位の礼を行う」という意味のことを宣せられ、次いで内閣総理大臣が国民に代わって登極の大礼を祝し、宝祚の無窮を頌し、聖寿の無疆《むきょう》を禱る意味の寿詞を奏し、一同万歳を奉唱したのである。又当日、東京宮城では皇霊殿・神殿に奉告の儀が掌典次長以下の奉仕で行われた。

御神楽

翌十一月十一日は賢所御神楽《みかぐら》の儀がある。天皇陛下には午後四時十分御参進、内陣の御座に着御、御玉串をとって御拝礼あり、次いで皇后陛下の御拝礼あり、午後六時より庭燎《にわび》を焚き人長の舞が舞い収められる。終わるのは十二時を過ぎるが、神秘の曲の奏せられる間、大礼使高等官のみ総員三百十一名を三班に分ち交代にて順次着床するが、陛下は御内殿にて遥かに御奉仕との由である。

大嘗祭の祭場

大嘗祭の祭場は、大正の大礼より仙洞御所内に設けられることになり、八月五日、大嘗宮の地鎮祭が行われた。悠紀・主基両殿を中心に廻立殿、膳舎等が配置され、八月一日起工、十一月十日竣功した。すべて黒木造（皮つきの木）の簡素な建物である。

鎮魂祭

大嘗祭前二日に御禊及び大祓があり、玉体をはじめ奉仕の諸員や供進の物ことごとくを祓い清める儀である。さらに前一日には鎮魂祭がある。「おおみたまふり」とも「みたましづめ」とも称せられるもので、内掌典が鉾で宇気槽を衝くこと十度、その間、掌典は玉緒を結ぶこと十度、次ぎに掌典が御衣の筥を振動すること十度、いずれ

昭和大嘗宮模型（京都国立博物館蔵）

も古儀のままである。

大嘗宮の儀

大嘗宮の儀は、午後六時、廻立殿に渡御になり、お湯を召され祭服に更められた上、六時四十五分、悠紀殿に入御、それより国栖《くず》の古風《いにしえぶり》、また悠紀の風俗歌舞が奏せられ、皇后陛下及び皇族の拝礼あり、いよいよ神饌《しんせん》行立《ぎょうりゅう》が始まる。神饌行立とは悠紀の斎田で神聖な上にも神聖な扱いを以て作った稲で調備した御飯や白酒《しろき》黒酒《くろき》をはじめ各種神饌を捧げて大嘗宮に運び込むのである。このとき削木を執った掌典は「オーシー」と警蹕《けいひつ》を唱える。これらの神饌は陛下が内陣にて天照大神はじめ天神地祇に供されて最後に御親らもいただかれる。

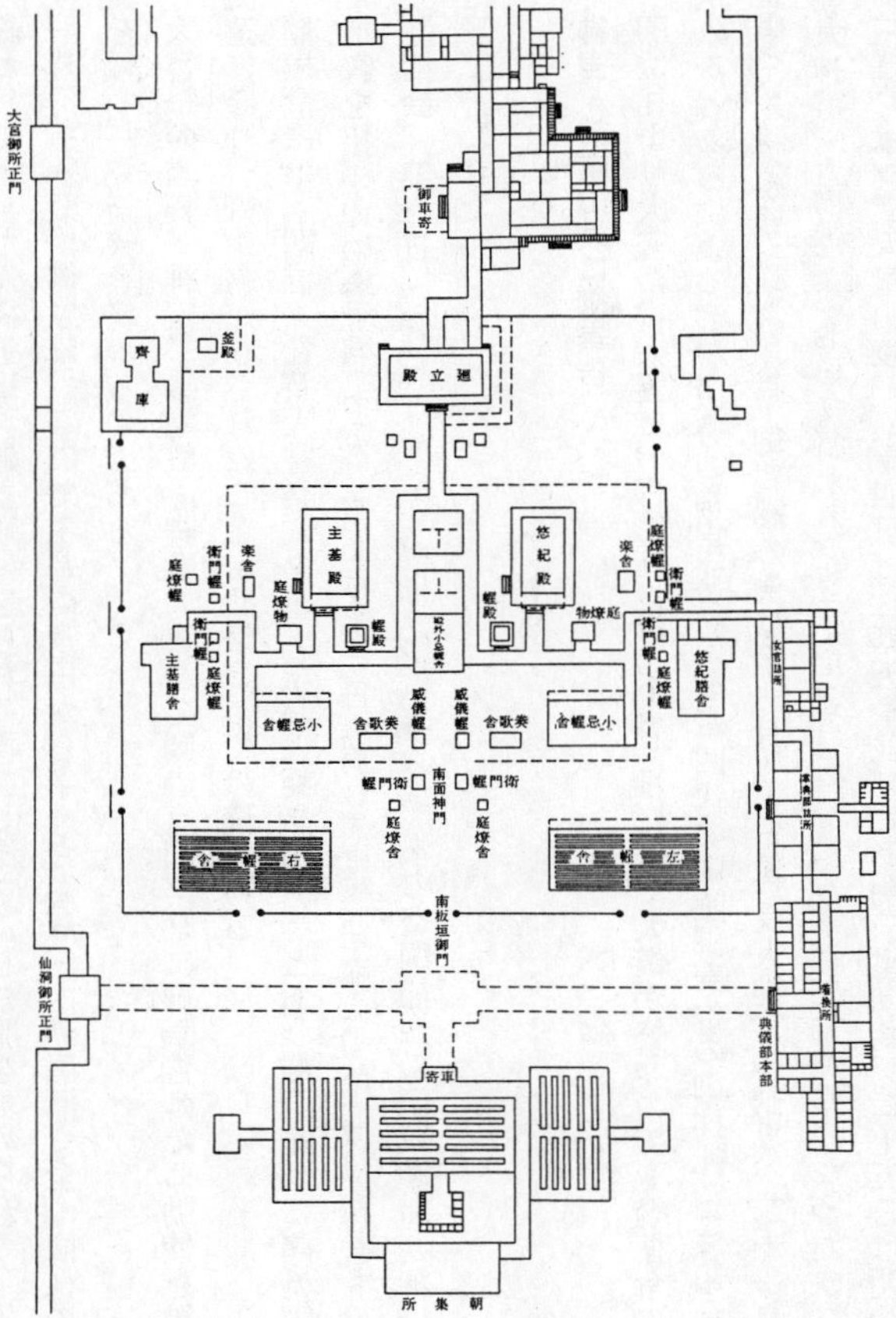

昭和大嘗宮全図（大礼使典儀部「参列諸員心得」より）

終わっていったん御退出、廻立殿に還られ、再びお湯を召し祭服を更められて、午後一時、主基殿に御され、ここで主基の斎田から奉った御飯・白酒黒酒で全く同様の儀を行われて祭儀を終わるのである。

大嘗祭の当日、神宮、皇霊殿・神殿、また全国の官国幣社に御奉告のため勅使を御発遣になり、御奉幣がなされたことも親祭としての儀である。

登極令には「即位ノ礼及大嘗祭訖タルトキハ大饗ヲ賜フ」とあり群臣並びに諸外国の賓客を招いての饗宴がある。古くは第一日（辰日）は悠紀節会、第二日（巳日）は主基節会、第三日（午日）はやや くだけた形の宴会である豊明節会の伝統を引き継いだ形で行われた。

神宮・前帝山陵に御奉告

即位礼より大嘗祭、大饗と、日より夜に夜より日に続く大儀が終わっても登極令の定めるところによって、伊勢の神宮並びに前帝四代の山陵御奉告の御拝礼（これを御親謁という）が残っている。御親謁の儀は十一月二十日豊受大神宮（外宮）、二十一日皇大神宮（内宮）において行われ、二十二日はいったん京都に御還幸になったが二十三日には神武天皇山陵、二十四日は仁孝天皇並びに孝明天皇山陵、二十五日は明治天皇山陵に、さらに東京御還幸後の二十九日には大正天皇山陵に御親謁になった。

東京還幸

東京還幸は、十一月二十六日京都御発輦、途中名古屋に親駐輦の上、二十七日宮城に還幸になった。直ちに賢所で還御の儀が行われ、還幸後御神楽の儀があり、陛下は剣璽を奉じて内陣に着御、御玉串を執って御拝礼、御退出の後、午後六時より深更におよぶまで御神楽が奏された。

そして最終の儀は、十一月三十日を以て皇霊殿・神殿に御親謁の儀を行われて、さしもの大儀も終わったのである。

大礼諸儀日程

践祚ノ式

1賢所ノ儀　（昭和元年十二月廿五日）
2皇霊殿、神殿ニ奉告ノ儀　（同　日）
3剣璽渡御ノ儀　（同　日）
4践祚後朝見ノ儀　（同　十二月廿八日）

即位及大嘗祭ノ式

5賢所ニ期日奉告ノ儀　（昭和三年一月十七日）
6皇霊殿、神殿ニ期日奉告ノ儀　（同　日）
7神宮、神武天皇山陵並前帝四代山陵ニ勅使発遣ノ儀　（同　日）
8神宮ニ奉幣ノ儀　（同　一月十九日）
9神武天皇山陵並前帝四代山陵ニ奉幣ノ儀　（同　日）
10斎田点定ノ儀　（同　二月五日）
11斎田抜穂ノ儀
悠紀斎田　（同　九月十六日）
主基斎田　（同　九月二十一日）
12京都ニ行幸ノ儀　（同　十一月六日、七日）
13賢所春興殿ニ渡御ノ儀　（同　十一月七日）
14即位礼当日、皇霊殿、神殿ニ奉告ノ儀　（同　十一月十日）
15即位礼当日、賢所大前ノ儀　（同　日）
16即位礼当日、紫宸殿ノ儀　（同　日）

17即位礼後一日、賢所御神楽ノ儀　（同　十一月十一日）
18大嘗祭前一日、鎮魂ノ儀　（同　十一月十三日）
19神宮、皇霊殿、神殿並官国幣社ニ勅使発遣ノ儀　（同　十一月十二日）
20大嘗祭当日、神宮ニ奉幣ノ儀　（同　十一月十四日）
21大嘗祭当日、皇霊殿、神殿ニ奉幣ノ儀　（同　日）
22大嘗祭当日、賢所大御饌供進ノ儀　（同　日）
23大嘗宮ノ儀
悠紀殿供饌ノ儀　（同　十一月十四日）
主基殿供饌ノ儀　（同　十一月十五日）
24即位礼及大嘗祭後大饗第一日ノ儀　（同　十一月十六日）
25即位礼及大嘗祭後大饗第二日ノ儀　（同　十一月十七日）
26即位礼及大嘗祭後大饗夜宴ノ儀　（同　日）
27即位礼及大嘗祭後神宮ニ親謁ノ儀　（同十一月廿日、廿一日）
28即位礼及大嘗祭後神武天皇山陵並前帝四代山陵ニ親謁ノ儀
（神　武　帝　陵　十一月廿三日）
（大　正　帝　陵　十一月廿九日）

（仁孝、孝明帝陵　十一月廿四日
明　治　帝　陵　十一月廿五日）

29東京ニ還幸ノ儀　（十一月廿六日、廿七日）

30賢所温明殿ニ還御ノ儀　（　　十一月廿七日）

31東京還幸後、賢所御神楽ノ儀　（　　十一月廿八日）

32還幸後、皇霊殿、神殿ニ親謁ノ儀　（　　十一月卅　日）

二　古代の即位式

持統天皇の即位式

記録の上で、古代に於ける即位式の模様が窺われるのは、『日本書紀』の持統天皇四年正月の条である。持統天皇は、天智天皇の第二女で、天武天皇（天智天皇の皇弟）の皇后であった。御名を鸕野讃良皇女《うののさららのひめみこ》といい、天武天皇が朱鳥元年（六八六）九月崩御せられた後、三年有余に亙る称制を経て、四年正月、即位式を挙げられた。蓋し、皇太子草壁皇子は病身で、即位に至らぬまま、三年正月薨ぜられたため、やむなく母后たる鸕野讃良皇女が即位せられることになったのであろう。

正月元旦、物部麻呂朝臣《もののべのまろのあそみ》が大盾を樹て、神祇伯の中臣大嶋朝臣が天神寿詞《あまつかみのみことば》を読み、忌部色夫知宿禰《いんべのしこぶちのすくね》が神璽の剣・鏡を皇后に奉った。公卿百寮は羅列して一斉に八開手を拍って拝礼した。これによって皇后は正式に皇位に即かれたのである。後に和風諡号では高天原広野姫天皇《たかまのはらひろのひめのすめらみこと》、漢風諡号では持統天皇と申し上げる。

二日には、公卿百寮は元旦朝賀の礼と同様に、挿頭《かざし》を挿して拝賀した。朝賀の次第は、中国風の儀式を取り入れて、焼香を行い、公卿百寮が拝礼し、万歳を奉唱するものである。賀詞は丹比嶋真人《たじひのしまのまひと》と布勢主人朝臣《ふせのみぬしのあそみ》が奏した。

三日には、公卿を内裏にあつめて豊明の節会が催された。いうならば饗宴である。七日にも饗宴があり、参集の公卿には衣裳を賜った。

さらに十五日、司々の役人は薪を献進し、十七日には天下に大赦が発せられ、そして二十三日、畿内の天神地祇に幣帛が班たれて、即位の由を奉告された。

神宮遷宮の始め

その年の秋九月、伊勢の神宮の遷宮が行われ、皇祖の神霊は木の香も新しい新宮に鎮り坐した。先帝天武天皇の思召しによる二十年一度の式年遷宮の始めである。これが第一回の遷宮となった(『神宮諸雑事記』)。

辛卯日の大嘗祭

翌五年十一月下卯日(二十四日)大嘗祭が行われた。『日本書紀』によると、「十一月戊辰、大嘗」とあるが、ここは「戊辰」の次に「朔辛卯」とあったものが、書写に際して脱漏したものとされていて、辛卯は二十四日で、その日は冬至であった。まさに冬至の日に大嘗祭が行われたことになる。このとき神祇伯中臣大嶋朝臣は即位式のときと同様に、再び天神の寿詞を読んだ。二十五日、公卿等に衾を賜り、二十八日、公卿以下主典に至るまで饗宴がもたれて夫々に絹等を賜った。三十日、大嘗祭に奉仕した神祇官の長上以下百姓の男女に至るまで、またそのことに供奉した悠紀国の播磨、主基国の因幡の郡司以下百姓に至るまで饗宴がもたれて、それぞれに絹等を賜った。

こうして持統天皇の即位式と大嘗祭は、四年正月と五年十一月に、いずれも壮大な即位儀礼として行われたのである。それは唐と対等の国家とすべく、律令制による中央集権国家として完成しようとしていた当時の我が国の国力を示すに足る儀式として、太古以来の伝統の上に、中国風の即位儀礼の様式を取り入れたものであった。その盛大な即位儀礼のもつ意味は後述するが、そこに至るまでの古代の即位式はどのように行われてきたのか。

上代の即位記事

初代神武天皇以来の即位記事を『日本書紀』によって辿ってみると、多くは単に「即天皇位」とのみ記していて、いかなる儀式が行われたかは必ずしも明らかではない。ただ即位にあたっては、まず皇位を象徴する神器の授受が行われ、即日または後日、改めて「壇」に昇る式が行われたようである。その具体的な記事は次の各天皇紀にみられる。

[允恭天皇元年] 是に群臣大に喜びて、即日《そのひに》天皇之璽符《みしるし》を捧げて、再拝《をが》みて上《たてまつ》る。(中略)乃ち帝位に即きたまふ。

[雄略天皇即位前紀] 天皇有司《つかさ》に命《みことおほ》せて、壇《たかみくら》を泊瀬《はつせ》の朝倉に設《まう》けて、即天皇位《あまつひつぎしろしめ》す。

[清寧天皇即位前紀] 大伴室屋大連、臣連《おみむらじ》等を率ゐて、璽《しるし》を皇太子に奉る。

[同元年紀] 有司《つかさ》に命《みことおほ》せて、壇場《たかみくら》を磐余甕栗《いはれのみかくり》に設けて、陟天皇位《あまつひつぎしろしめ》す。

[顕宗天皇即位前紀] 皇太子億計《おけ》、天子《みかど》の璽《みしるし》を取りて、天皇の坐《みまし》に置きたまふ。

[同元年紀] 乃ち公卿百寮を近飛鳥八釣宮《ちかつあすかのやつりのみや》に召して、即天皇位《あまつひつぎしろしめ》す。

[武烈天皇即位前紀] 是に於て太子有司《ひつぎのみこつかさ》に命せ、壇場《たかみくら》を泊瀬列城《はつせのなみき》に設けて、陟天皇位《あまつひつぎしろしめ》す。遂に都を定めたまふ。

[継体天皇元年紀] 二月辛卯甲午(四日)、大伴金村大連、乃ち跪きて天子の鏡剣の璽符《みしるし》を上《たてまつ》りて再拝《をが》みたてまつる。(中略)男大迹天皇《をほどのすめらみこと》曰はく、「大臣《おほおみ》・大連《おほむらじ》・将相《まへつきみ》・諸臣《もろもろのおみ》、咸《ことごと》く寡人《おのれ》を推す。寡人《おのれ》敢へて乖《たが》はじ」とのたまひて、乃ち璽符《みしるし》

を受く。是の日、即天皇位《あまつひつぎしろしめ》す。

[宣化天皇即位前紀] 群臣、奏して剣鏡を武小広国押楯尊《たけをひろくにおしたてのみこと》に上りて、即天皇位《あまつひつぎしろしめ》さしむ。

[推古天皇即位前紀] 嗣位《みつぎのくらい》既に空し。群臣《まへつきみたち》、渟《ぬ》中倉太玉敷《なくらのふとたましきの》天皇の皇后額田《ぬかた》部《べ》皇女に請《まう》して、令践祚《あまつひつぎしらせまつ》らむとす。皇后辞《い》譲《な》びたまふ。百寮《つかさつかさ》、表《まうしぶみ》を上りて勧進《すすめまつ》る。三たびに至りて乃ち従ひたまふ。因りて天皇の璽符《みしるし》を奉る。

冬十二月、壬申朔己卯（八日）、皇后、豊浦宮《とゆらのみや》に即天皇位《あまつひつぎしろしめ》す。

[舒明天皇元年紀] 春正月癸卯朔丙午、大臣及び群卿、共に天皇の璽印《みしるし》を田村皇子に献る。（中略）即日に、即天皇位《あまつひつぎしろしめ》す。

[孝徳天皇即位前紀] 天豊財重日足姫《あめとよたからいかしひたらしひめの》天皇、璽綬《みしるし》を授けたまひて、位を禅《ゆづ》りたまふ。（中略）是に由りて、軽皇子、固《い》辞《な》ぶることを得ずして、壇《たかみくら》に升《のぼ》りて即祚《あまつひつぎしろしめ》す。時に、大伴長徳連（字は馬飼）金《こがね》の靫《ゆき》を帯びて壇《たかみくら》の右に立つ。犬上健部君、金の靫を帯びて、壇の左に立つ。百官の臣・連・国造・伴造・百八十部、羅列《つらな》りて匝《かさな》りて拝みたてまつる。

[天武天皇二年紀] 天皇、有司《つかさ》に命せて、壇場《たかみくら》を設けて、飛鳥浄御原宮《あすかのきよみはらのみや》に即帝位《あまつひつぎしろしめ》す。

以上が、即位の際にどのような儀式が為されたかを示している記事である。

神器の授受

右の記事にみられる天皇の璽の内容は、継体・宣化・持統の各天皇紀によって鏡と剣であったことが判明する。ただし玉の見えないのは不審とされているが、貞観の『儀式』や大江匡房の著した『江家次第』によると、天皇が高御座に御されるとき、剣璽(剣と玉)は御座の辺に置かれることになっていた(剣は御座の左、璽は右)。『日本書紀』第一の一書および『古事記』の天孫降臨の段に天照大神が皇孫ニニギノミコトに授けられたと伝える三種の神器がこれにあたる。

「神祇令」には

　凡そ践祚の日、中臣天神寿詞を奏し、忌部神璽の鏡剣を上る。

とあり、これによると、天神寿詞奏上が先にあって、次に神璽の鏡剣が奉られることになっていたが『日本書紀』によると、古くは神器の授受がまずあって、次に壇に昇る儀式のあったことが判明する。

昇壇の儀

即位式にあたって昇る「壇」とは、「高御座」と称されているもので、後の大極殿内の高御座の素朴な形と想像してよいが後章（九　大嘗祭と即位式）に記す中国の封禅による泰山上に築いた壇が『史記』封禅書によると、方一丈二尺高さ九尺とあるので参考になるだろう。

『儀式』『江家次第』によると、高御座では天皇は笏を把って南面し、命婦が御帳をかかげ、次いで香を焚き、畢って王公百官の拝舞、舞踏、拝舞があり、武官が倶に立って万歳を唱えた。これが、令制以後の完成された即位式の姿であるが、その式は、持統天皇の即位式、とくに正月第二日の式次第がもとになっていたことが判明する。そこでは第一日にあった天神寿詞の奏上が見えない。天神寿詞は元来は大嘗祭において奏されたものであった。そのことは寿詞そのものの内容によっても理解できる。

践祚と即位

また、皇位のみしるしである神器の授受は、剣璽渡御の儀と呼ばれ、即位式に先立って行われ、「神祇令」に践祚の日の行事となっていたことは先述の通りであるが、践祚と即位の別が生じたのは、『続日本紀』桓武天皇の天応元年（七八一）四月辛卯（三日）の条に、「皇太子受禅即位」とあり、同じく「癸卯（十五日）天皇、大極殿に御して詔して曰はく」として、即位の詔勅を載せているから、事実上の践祚と即位の区別が生じた始めとみられる。

朱雀天皇の延長八年（九三〇）「九月二十二日受禅践祚、十一月二十一日天皇大極殿に於て即位」と、始めて践祚と即位が書き別けられた。以後、践祚と即位は別々に行われるのが恒例となった。践祚とは、神器を受けて事実上皇位を継承されることであり、即位式は高御座に昇って内外にそのことを宣せられるとともに国民の奉祝を受けられる儀式であるということができる。

しかし、天皇の即位儀礼は、神器の授受と昇壇の儀、すなわち践祚と即位の式で終ったのではない。さらに大嘗祭という、天皇が始めて新穀を神々に献って、御親らも聞こしめす（召上る）という儀礼がある。

それは現在も毎年十一月二十三日（勤労感謝の日）の夜に、宮中の神嘉殿にて、その年の新穀を天神地祇に奉られて、御親らも聞こしめす御儀である新嘗祭があるが、大嘗祭はご即位初の新嘗祭で、それはご一代一度の大儀としてとくに大々的に行われるものである、践祚大嘗祭ともいうが、先述の持統天皇紀にみられたような奈良時代以来の即位式は、中国風の様式をとり入れた儀式であって、わが国古来の固有の即位儀礼は、実はこの大嘗祭であるといわれている。それはなぜであろうか。大嘗祭とは何か、そのことを記すについては、わが国の古俗であるニイナメの儀礼について知る必要がある。

三　ニイナメの古俗

生命の糧

この日本列島に居住するわれわれの祖先が、もっとも大切な生命の糧としたのはいうまでもなく稲米である。採集や漁労による生活の縄文時代の晩期に稲種がもたらされて弥生時代となった。水稲耕作は僅々百年ほどの間に、日本列島の西から東にゆきわたったが、それ以来われわれの祖先はこの稲つくりに工夫と努力を積み重ねて、極めて生産性の高い収穫をあげることができるようになった。いまでは減反までしても、なおあり余る米で倉庫は満杯になるほどの収穫を得ているが、ほんの二三十年前まで、稲の豊かな稔りを得るかどうかは、それこそ死活にかかわる切実な問題であった。

豊葦原の瑞穂国

わが国の古い呼び名を「豊葦原《とよあしはら》の瑞穂国《みずほのくに》」という。豊かな稲穂の稔りに恵まれた国を意味する。葦の豊かに茂る原はみずみずしい稲も育つとの経験によった名であるが、必ずしもあるがままの姿ではなく、多分に期待と祈りをこめた讃め言葉である。

日本の神話を記す『古事記』には、天照大神がはじめて稲を得られたとき、これこそが天下万民の「食いて活くべきもの」とされて、「斎庭《ゆにわ》の穂《いなほ》（高天原の神聖な稲穂）」を皇孫ニニギノミコトに授けられて、天降らしめられたと伝える。ニニギノミコトというのも、本居宣長は「ニニギ」とは「丹饒《ににぎ》」で、稲の赤らんで稔った姿をいうものとしている（『古事記伝』）。太古日本の米は赤米であった。現在は対馬や丹波で神饌用の田で作られているに過ぎないが、赤米は日本米の原種であった。それが改良に改良を加えて現在のような白米となったのである。したがって稔りの秋は黄金色ではなく、赤い穂の波が見られることになる。要するにニニギノミコトは稲穂の稔りを象徴する穀童を意味する。天上の稲を地上に移し植えて、この国を文字通り稲穂の豊かに稔る国にしようというのが、古人の共通の願いであった。この共通の願いのもとに人々は稲作りの生活に勤しむとともに、その折り目切り目には祭りをおこなって、年穀の豊饒を祈り、かつまた収穫した新穀は神よりの賜りものとして、これをいただいて生命の糧とした。稲（いね）は文字通り「いのちの根」であった。

稲作りの祭り

春の播種の頃には祈年祭（としごいのまつり）、田植えどきにはお田植祭、旱には祈雨の祭等、五風十雨の順調を祈って、収穫の秋を待った。

実りの秋を迎える頃、九月九日の重陽の節日に関係があるとみられる祭りにオクンチ（お九日）がある。もともとは（お供日）で、神に新穀を献供する日である。この日をオカリアゲと呼んでいるところもある。刈り上げ祭にほかならない。現在は秋祭りの意で十月から十一月にかけて九州にはこの名の祭りが多い。収穫祭にあたるが、春の予祝の行事に豊饒を祈った田圃が風雨も順調に過ぎて、収穫の秋を迎えた喜びはひとしおである。神のコトヨサシ（ご委任）によって労き励んで作った結果、この通り収穫できましたと、まず神のみ前に新穀を捧げてお祭りをする。それが供日というものである。この新穀を神よりの賜りものとしていただく新嘗祭はその後にあるが、秋の祭りは山車が出たり、獅子舞や太鼓や花笠など、各地でそれぞれ趣向をこらして展開し、多くは一年一度の大祭となっている。

神無月

陰暦十月のことを神無月《かんなづき》という。日本中の神、八百万《やおよろず》の神さまが出雲に集まって神さまの会議が開かれ、他の地方では神さまは留守になるというので、神無月と呼ぶのであるという。出雲では反対に神在月と呼んでいる。出雲大社には神有祭という祭りがあり、陰暦十月十一日から十七日までの七日間神々をもてなす祭りがおこなわれるが、期間中は神さまの会議を妨げてはならないというので、土地の人びとはみな謹慎斎戒し、歌舞音曲を停め、物音をたてずにひっそりと忌みこもることになっている。土地の人びとはこれをお忌祭とも呼んでいる。第八十代出雲国造千家尊統宮司は神有祭は新嘗祭にそなえて社人はもちろん、土地の人びとが斎戒、物忌みにはいる、その始めの祭りであったのではないか、すなわち神有祭から約一か月の物忌みに服した後に新嘗祭を迎えるというのがこの祭りの原始の姿であったのではないか、と説かれている。出雲以外の土地では十月を神無月というのは、これもまた新嘗祭のために忌みこもる、物忌みの月であったからであろう。

物忌み

山口県の住吉神社では御斎《おいみ》神事または御斎会《ごさいえ》と称して、十二月七日より十五日まで神職一同参籠して、その間音響を停止し、夜は門戸を閉ざして灯火の漏洩を防いで、厳重な斎戒に入ることがいまも行われている。同社では十二月十五日の例祭のための斎戒として行っているがもともとは新嘗祭のための忌み籠りであった。新嘗祭はそれほど厳重な祭りであることをいうのである。

新嘗祭

さて新嘗祭は、新穀をまず神前に献げて感謝の奉告をした上で、これを神よりの賜りものとして食する儀式である。一般には秋祭りとして行うところが多いが、単なる収穫感謝ではなく、それは神のみたまを身に体して生命を養うという行為を象徴化した儀礼である。

新嘗祭は現在、宮中ならびに全国の神社では十一月二十三日（勤労感謝の日）に行われるが、宮中新嘗祭はもとは陰暦十一月中卯日であった。太陽暦に切り替わった明治六年十一月二十三日、卯日に行われてより、この日が永制となって今日に至っている。陰暦十一月中卯日といえば冬至の日の前後にあたり、持統天皇の大嘗祭が冬至の日であったことによって判るように、元来は冬至の日に行うのが本旨であったろう。一年のうちでもっとも昼の短いこの日、忌み籠った果てに新穀を神に献るとともに、みずからもいただいて生命の甦りをはかったのである。

万葉集の東歌

『万葉集』に

鳰鳥《にほどり》の葛飾早稲《かつしかわせ》を二へ（贄）すともその愛《いと》しきを外《と》に立てめやも（三三八六）

（葛飾早稲で新嘗の祭りをしているからといって、あの愛しい人を外に立たせておけようか）

誰そこの屋の戸押《おそ》ぶる二フナミにわが背《せ》を遣《や》りて斎《いは》ふこの戸を（三四六〇）

（誰ですか、この家の戸をがたがた押すのは、新嘗の夜で、夫でさえも外に出して忌み籠っていますのに）

という歌がある。これはいずれも収穫した稲でニイナメ儀礼を行うために忌み籠りをしていたことをうかがわせるものである。「二フナミ」とは「二へ」の「モノイミ」の約である。この歌は東歌で、当時東国においてニイナメの行事を行うのは女性であり、その他は夜は家人も外に出して忌み籠っていたのである。万葉の時代には東国において民間の習俗であったことが判明する。

アエノコト

奥能登にアエノコトと称する民俗行事が現在も遺っている。十二月五日（もとは陰暦十一月）と二月九日に行われ、収穫の終った年の暮に「田の神迎え」、年初の予祝行事としておこなわれるのが「田の神送り」である。

田の神迎えは稲種に「田の神さま」が宿るものとして、稲種に感謝して、この神を家に迎えてお祭りするのである。一家の主人をゴテ（御亭主の意か）といって司祭者とし、田から田の神を迎える。「どうぞこちらへお越しくださいませ。そこには溝がありますから危のうございます。わたくしの背におのりくださいませ。」というように、ていねいに案内し、風呂も涌かしておいて入浴させる。入浴の作法も細かく行って、それがすむと座敷に通して床の間に迎えるのである。

床の間には二俵の種俵（新穀）が奉安されていて、向かって右の柱には松の木と榊が差してある。神の依り代で、田の神は男女二神と信じられており、神饌も二膳ずつ供えられている。神饌は海の幸、山の幸を並べて、ゴテが「さあ、おあがりくださいまし、何もかも鎌鍬で作ったものでございます。たくさんございますから、ゆっくりおあがりくださいまし。これはご飯でございます。これはお汁でございます……」という風に、ご馳走をいちいち扇子で指しながらていねいに言上する。田の神は眼が悪いとされているのである。そのあと栗の木の箸で家族に分けて全員がこれをいただく。アエノコトの「アエ」は「饗」の意で、稲魂の来臨を迎えてご馳走を供えてもてなすとともに、家族一同も会食するという、古風なニイナメの儀礼である。稲には穀霊が宿っていると信仰されていると同時に、その稲から作った餅や赤飯は、それ自体、神のみたまをいただくことにほかならないのである。民俗学ではこれを神人共食と表現しているが、神さまにお供えするとともに、人もまた同じものを食することによって、神のみたまを体し、神人一体となる儀式である。

アエノコトは、陸の孤島といわれるほど辺鄙な奥能登であるため、いまに遺ってている貴重な文化財であるが、このようなニイナメの儀礼は、むかしは日本国中何処でも行われていたのである。

富士山と筑波山の物語

『常陸国風土記』に記されている富士山と筑波山の物語もそうである。むかしみ祖の神が諸国をめぐって富士山を訪れたとき、日が暮れたので宿を乞うたところ「新粟のニイナメのために物忌みをして籠っているから」といって断ったので、祖神は「わたしは汝の親ぞ、どうして宿をさせないのか。この山には冬も夏も雪ふり霜おいて、寒くて人も登れず、食物も供えるもののないようにするぞ」といった。ついで祖神は筑波山に来て宿を乞うと、「今宵は新嘗の物忌みをしていますが、尊い祖神の仰せ言ですからお宿をいたしましょう」といってもてなしたので、み祖の神は「この山には人びとが集い、飲食も豊かに、千代万代までも栄え、たのしみは尽きないようにしよう」といわれた。そこで富士山には常に雪が降り積もって人も登れず、筑波山には人が集って歌い舞い飲食することがいまにいたるまで絶えないのである、という古伝である。

これは歌垣の由来を語る伝説であるとされているが、男女が集って互いに歌い踊った歌垣の歌舞が、もとはニイナメの行事と一連のものであったことを示している。きびしいニイナメの夜の忌み籠りと神迎えが終ると解放された男女は歌垣の遊楽で歓をつくしたのである。

ミタマのフユまつり

民俗学では、忌み籠っている間に神霊は分割増殖する。つまりミタマのフユで、冬祭りとは「ミタマのフユマツリ」である、とされている。これに対して秋祭りは「アキグヒノマツリ」という意で、アキグヒ(飽食)は皆がお腹いっぱい食べて、忌み籠る、その間に神霊が身内に増殖して（ミタマノフユ）、一夜明ければ忌み籠りから解放されてハレ（晴）、ハル（春）の状態となる。冬祭りの終ると同時に春の到来を意味した。冬祭りは忌み籠りの状態の中で行われる。それが冬籠りで、この冬祭りの物忌みの状態からの解放と、季節の推移を端的に表したのが、「冬籠り春」という枕詞表現である。冬籠りの状態から解放されることが、ハレ（晴）であり、同時に季節のハル（春）をそこに発見した。冬祭りの忌み籠りから解放され、そこに出現する状態がハレ（晴）であり、季節でいえばハル（春）なのである、といわれている（折口信夫「大嘗祭の本義」『全集』三、倉林正次『天皇の祭りと民の祭り』ほか）。

ニヒナヘ・ニイナメの語義

それでは「ニイナメ」の語にはどのような意味があるのか。一般に「にいなめ」と言いならわされていて、「新嘗」「初嘗」等に表記されるが、古語では「ニヒナヘ」「ニハナヒ」等と訓んだ。その語義は、本居宣長が『古事記伝』に「ニヒナヘ」は「新之饗」の約で、「新稲を以て饗する」ことが「ニヘ」であり、その「ニヘ」という語は「新饗」の約言であると説いた説が一般に認められてきた。しかしそれについては西宮一民氏が国語学より検討を加えて、「ニヒナヘ」が「新之《にひの》饗《あへ》」で「ニヘ」に等しく、「ニヘ」は「新饗」であるとすれば、「之」の有無で「ニヒナヘ」と「ニヘ」の二つの語形が生じたことになり、また「ニヒアヘ」の約は「ニハヘ」となるべきであり、「ニハヘ」が「ニヘ」となることはあり得ないという点を挙げ、次のような新説を提示された。

それによると

新粟《わせ》の新嘗《にひなへ》（『常陸国風土記』筑波郡）

早稲《わせ》を尓倍《にへ》す（『万葉集』三三八六）

の「ニヒナヘ」「ニヘ」は同じ意に用いられていて、ニハナヒ・ニハナヘ・ニハヒ・ニヒナヘ・ニフナミの「ニハ・ニヒ・ニフ」も同義と考えられ、この語は

ニハ……被覆形（ニヒ・ニフはその音変化）

ニヘ……露出形

と説明することができ、「贄《にへ》」の意味が認められる。これに、アキナフ・オコナフ・

ウベナフ・ツミナフなど「ナフ」という派生語尾がついて「ニハナヒ」「ニヒナヘ」の語が生じた。その場合四段活用（ニハナヒ）と下二段活用（ニヒナヘ）の二通りの語ができて、四段の場合は「神や天皇に供薦する」の意、下二段の場合は「神や天皇がその供薦をうける」という意の区別が生じたというものである。ただし私見は「神や天皇が供薦をうける」というのは、諸神は天つ神から、天皇は天照大神から、そのミタマの籠った稲魂をいただかれる意と解している。つまり神々から享けられるのである。

さらに、「ニハナヒ」「ニヒナヘ」は古来の日本語で、これに「嘗」の字をあてられたのは、中国では稲の祭りのことを「嘗祭」といい、季秋におこなわれたことによる。わが国では仲冬の祭りであるが、稲の祭りであるから、日本語のニヘをあらわすためにこの字を借りたものである。したがって「嘗」を「なめる」意にとって「ニヒナメ」と訓むのは誤りということになるが、「新穀を嘗める」といった解釈による語形ともみられる。その場合は「嘗める」は「試みる」といった解釈によるものと考えられる。しかし本来はニハナヒ・ニヒナヘの語をあらわす漢字は「嘗」一字で十分であった筈であるが「新」または「初」を添加して、「新しいもの」「お初のもの」という印象を際立たせたのである、というのが西宮説の要旨である（「新嘗・大嘗・神嘗・相嘗の訓義」昭和五十一年『皇學館大学紀要』)。筆者もこの説に従って説明している。ただし、「神や天皇が供薦をうける」とされているが、前述のようなニイナメ儀礼の実態からみて、「天皇や人びとが神からの賜りものをうける」と解する方が妥当であろう。

要するにニイナメ儀礼は、古代中国の稲の祭りである「嘗祭」の文字を借用して「新嘗祭」と記すが、稲つくりの民であるわが国独得の信仰に根ざした「ニヒナヘ」の行事で、それはわれわれの生命を養う稲魂を身に体する行為を儀礼化したものにほかならない。それは民間においても新穀をもって年ごとにおこなわれたことは、『万葉集』の東歌や『常陸国風土記』にみえる富士山と筑波山の諸話によって知られるが、この全国各地の村々里々、あるいは家々で行われたニヒナヘ(ニイナメ)の儀礼を統合して国家的規模で天皇の行われたのが宮廷の新嘗祭である。

四　新嘗祭

新嘗祭の模様

新嘗祭は十一月下の卯の日、三卯あれば中卯日におこなわれた。明治にいたって、新暦に改めるに際して、明治六年十一月二十三日が下卯日であったため、この日が永制の祭日となった（六年十月四日布告）。

祭殿は神嘉殿といい、もとは大内裏の中心に建っていた。現在は賢所・神殿・皇霊殿のいわゆる宮中三殿とは同域ではあるが、賢所前庭とは膳舎や幄舎で仕切られおのずから別域の古風を遺している。

その舗設の概略は川出清彦掌典の説明によると、神座は黄縁の短帖、御座は白縁の半帖で、相対して東南（現在は西南）神宮の方位に設けられる。中央の神座（寝座）は薄帖を何枚も重ね敷き、南に坂枕をおき、さらに八重畳をのせ羽二重袷仕立のお襖をかける。これを古くは第一の神座とし、御座と寝座は一続きであったようである由。お襖は、天孫降臨神話にニニギノミコトがそれにくまれて天降ったという「真《ま》床《どこ》追《おふ》

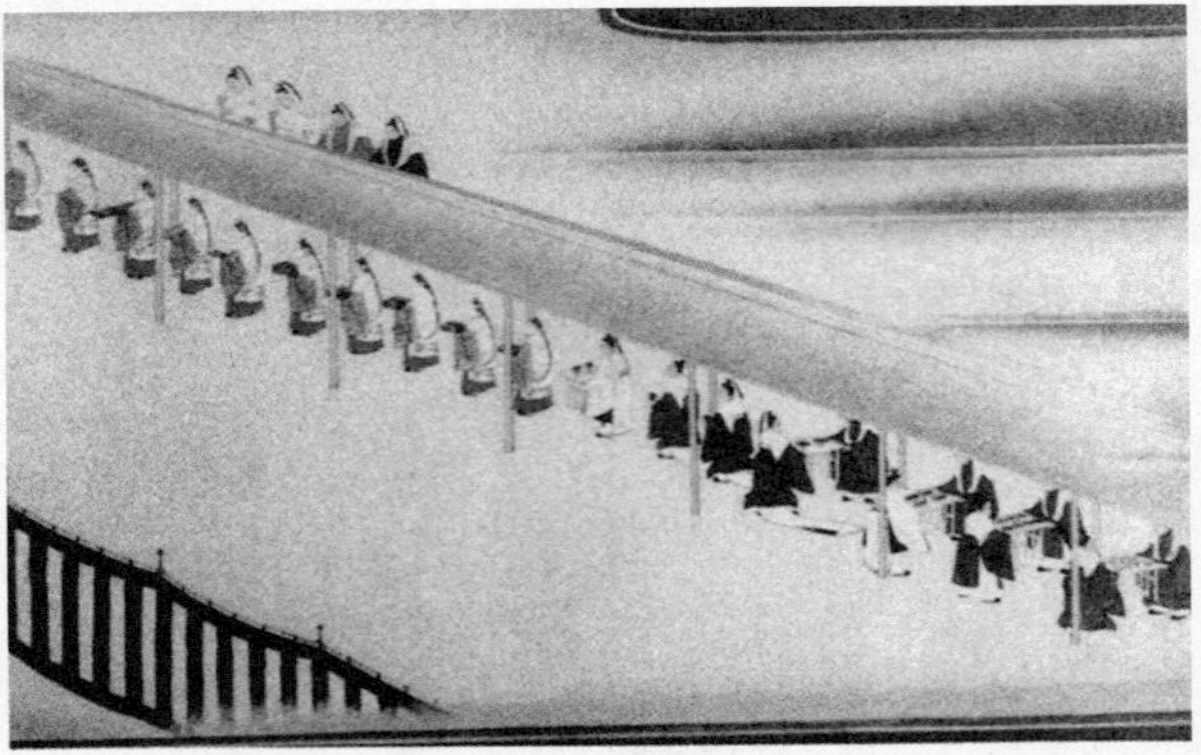

新嘗祭神饌行立の図
（宮内庁書陵部蔵『図説・宮中行事』同盟通信社刊より）

衾《すま》」にほかならない。神饌の品目は、米の蒸し御飯、米の御粥（今日の水たき御飯）、栗の御粥、新穀のお米から謹醸の白酒・黒酒、魚の鮮魚《なまもの》、干物、果物、蚫《あわび》の汁漬、海藻の汁漬、蚫の羹《あつもの》、河松《みる》の羹等で、これらを柏の葉で作った枚手《ひらで》（葉《は》盤《さら》）に盛り、御酒《みき》や汁物は土器に入れ、御親供《ごしんく》にあたっては、食薦《すごも》の上に並べ供えられるのである。

これらの神饌を捧持して運ぶことを「神饌行立《しんせんぎようりゆう》」という。行立とは行きつつ立ち、立ちつつ行くといった意味であるが、そのとき削木《けずりぎ》を執る掌典は階下にて「オーシー」と警蹕を唱える。警蹕は神霊の出御、御動坐にあたって唱えるものであるから、これは神饌を神としてお

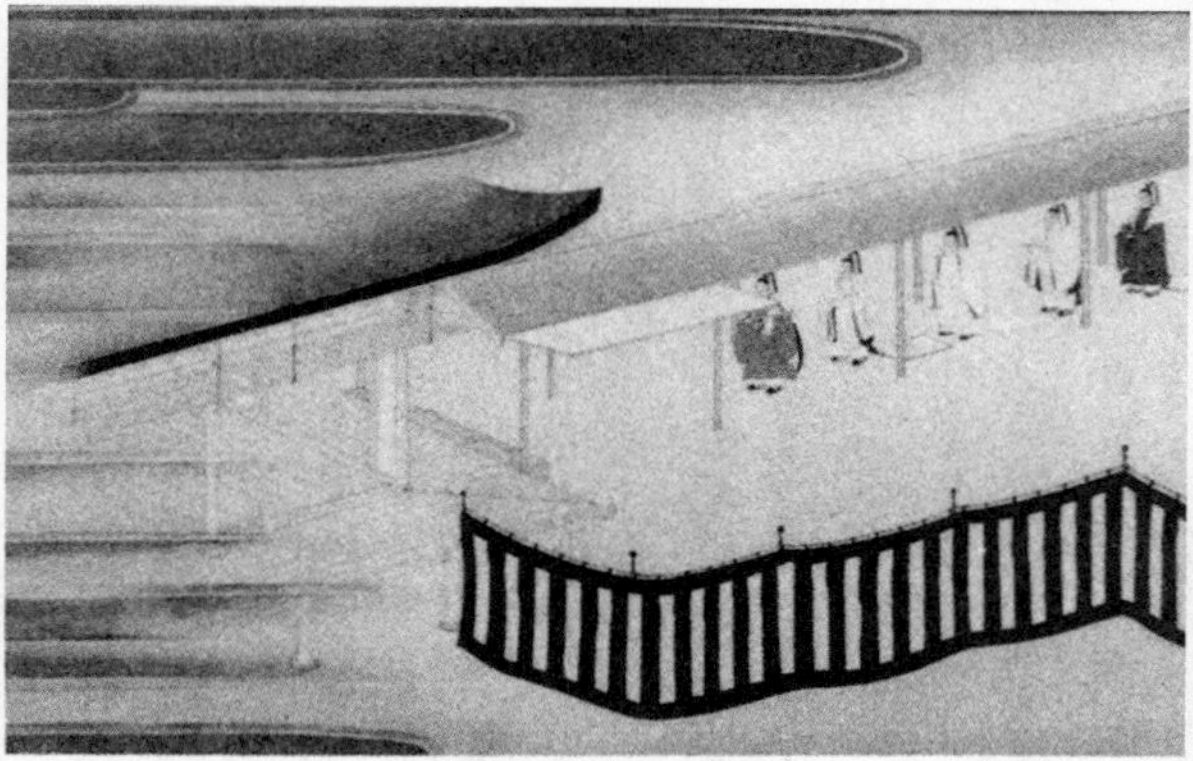

扱いしていることになる。
奈良時代、内膳の奉膳であった高橋・安曇《あづみ》の両氏が行立の前後をあらそい、位次により、年老に依るとする安曇宿禰《すくね》に対し、高橋朝臣は神事の御膳は高橋が先行する伝統を家記、氏文等を以て主張し、長い争論となり、遂に延暦十年の新嘗祭には、勅にて高橋を前とするよう定められたが、安曇宿禰は服せず、職務を放棄して退出したため佐渡に流された。この時以後、奉膳の安曇はなくなったが、儀式書には、高橋朝臣一人、蚫の汁漬を執り、安曇宿禰一人、海藻《め》の汁漬を執るとしている。古来の建前を示したものである。行立がいかに伝統を重んじた厳重な作法であったかをうかがい知ることがで

きる。

大嘗聞こしめす

天皇は斎戒沐浴の上、亥刻（午後十時）神嘉殿に御され、天神地祇に神膳を奉られるが、御供えはすべて全く天皇御一人の御役である。竹製の御箸で丹念に品々をおつまみになって枚手に盛り供えられる。その御態度は恭敬無比そのものの由。夕御饌は、亥刻よりはじまり、子刻には一たん御退出になるが、改めて御潔斎、更衣の上、寅刻（午前四時）再び神嘉殿に御され、夕御饌と全く同様に朝御饌の儀を行われる（現行は夕は午前六時より八時、朝は午後十一時より午前一時）。

新嘗祭は通常、収穫感謝の祭りと解されている。しかし、単なる収穫感謝の祭りではなく、もっと重大な意義が秘められている。それは何であろうか。

「職員令《しきいんりよう》」の義解に「大嘗《おほにへ》」ということを注して、

謂う、新穀を嘗して以て神祇を祭るなり。朝は諸神の相嘗祭、夕は新穀を至尊に供するなり。

とある。「大嘗」は大嘗祭であるが新嘗祭も全く同じ主旨であるから「新嘗」とおきかえてもよい。これによると、天皇が新穀をきこしめすにあたって、まずこれを神祇に供進される祭りと解するのは当然であった。ところが、『延喜式』の祝詞にみえる大嘗祭（この場合は毎年の宮中の新嘗祭）の祝詞には、

皇御孫命《すめみまのみこと》の大嘗《おほにへ》聞食《きこしめ》さむ為の故に、皇神等《すめがみたち》相宇豆乃比《あひうづのひ》奉りて

とあって、皇御孫命、すなわち天皇が「大嘗」を聞こしめすことが新嘗祭の目的であることが知られる。鈴木重胤はこれを注釈して、

天皇の聞食すを主と為る事にて、神に奉り給ふも天皇の聞食さむと為るに就て先づ奉り給ふなり（『祝詞講義』）。

としている。このことは、本居宣長も、既に『大祓詞後釈』の「つけそへぶみ（付録）」の中で指摘していたことである。しかし、明治以後の学者の間では久しくこのことが看過されていた。そして新嘗祭は一も二もなく収穫感謝の祭りと解され、その

本旨が十分理解されないまま、というより、一つには宮中の秘儀に関わることのため、みだりに口外されなかったのである。

新嘗祭の本義

ところが、宮中祭祀に近侍された星野輝興掌典は、新嘗祭について次のように説いておられる。

此のお祭を従来の方などは、一も二もなく御祭というものは、報本反始である。御礼であるときめ込んで居られる故か、かれこれと考えずに、お祭の最大の新嘗祭は、その御礼の最大なものとし、御親ら聞食すということを、小さな声か、さもなくば触れずに解いて居りますが、御実際はと申しますと、新嘗祭における神々への御礼は、奉幣を以て行われてあるのでありますから、新嘗祭即ち宮中神嘉殿に於ける新嘗祭は、御礼を主としたものでは無いということが出来ると存じます（『日本の祭祀』）。

と述べ、新嘗祭そのものは御礼を主としたものではないことを主張されているのである。

それでは新嘗祭の本義はどこにあるかについては

陛下の召上り給う時の御模様は、恭敬無比の御進退を以て聞食させ給うて、正しく神から新おもの・黒酒・白酒を御頂戴になる御影が仰がれ、皇孫御降臨の節、皇祖より御授けになった斎庭の稲穂をお受け遊ばすものと解し奉るより外ないように拝されます(前掲書)。

つまり新嘗祭は、いわゆる収穫感謝ではなく「皇祖より新おもの」をいただかれることを主にした祭りということである。これは「祝詞式」に「大嘗聞食さむ為の故に」と記され「大嘗聞こしめす」ことが新嘗祭の眼目であることを記しているのと一致する。星野掌典はこのことを、文献の上で確かめられたのではなく宮中祭祀に近侍されての実感から到達されたのであるが、そのことは本居宣長や鈴木重胤も指摘していることなのであった。

サバ

それではこの「大嘗聞こしめす」に先立って、また夕御饌・朝御饌とも、まず神膳を諸神に供されるのは何か。これについて星野掌典は「サバ」を「サバ」の神に奉られるのであると説明される。

陛下が新穀を聞食されるに当って、お互いが御飯を戴くときに箸を戴くとか、黙礼するとかと同様に、いよいよ召上るに当り、神恩を特に思召されて、其の御初を神々に奉られます。自分どもの仲間の事を申しますと、サバ（散飯）をサバの神へ奉られるのであります（前掲書）。

星野掌典によると「サバ」は、散飯、生飯、左波、三把、最把、最花等に表記するが、もとは梵語であるといわれる。インドでは餓鬼に中国では鬼神に施すためとされた。わが国でもむかしから陛下も「散飯」をとられ、『侍中群要』という書に「三把を取る事」として、「御飯を供する時、即ち銀の御箸を以て、三把を取り、蓋に入れて之を返す」とあるのを初見とし、そのほか『江家次第』『禁秘御抄』『建武年中行事』等にも散見できるのである。

ニニギノミコト

さて神饌は、まず天神地祇に奉った上、天皇御親らも聞こしめす（召し上る）、つまり「大嘗聞こしめす」のであるが、これは何を意味するのか。日本の神話では、天照大神がはじめて稲種を得られたとき、これこそ「蒼生《あおひとぐさ》（天下万民）の食いて生くべきものなり」といわれ、皇孫ニニギノミコトの降臨に際して、「斎庭《ゆにわ》の穂《いなほ》」を授けられたと伝える。ニニギノミコトは生まれたばかりの嬰児の姿で「真床追衾」にくるまれて天降ったとされている。若々しい新生の穀童ほど霊威があらたかだとの信仰によるもので、このニニギノミコトが皇孫、すなわち天照大神の御子孫で、代々の天皇であるとする。太陽の霊格から生誕した神が、天上から天降ったといえばまことに非科学的な荒唐無稽のおとぎ話と評されようが、太陽の光明温熱によって万物が生育することに想いいたれば、これを日神とし、おや神と仰ぐのは極めて自然であって、その霊威をうけて出誕した穀霊は、まさに稲穂の稔りを象徴する神、ニニギノミコトで、そのご霊格を代々承け継がれる皇孫＝天皇は、つまり豊かな生産に恵まれた「豊葦原の瑞穂国」の象徴にほかならないのである。

「斎庭の穂」というのは、天上の稲である。高天の原の稲を地上に移し植えて、この国を文字通りの「豊葦原の瑞穂国」とするわが民族の理想だったのである。

「大祓詞」といういまも多くの人びとが唱えている祝詞の冒頭に

高天《たかま》の原《はら》に神留《かむづま》ります、皇親《すめらがむつ》神《かむ》ろぎ神《かむ》ろみの命《みこと》もちて、八《や》百万《およろず》の神等を神集《かむつど》へたまひ、神議《かむはか》りに謀《はか》りたまひて、我が皇御《すめみ》孫命《まのみこと》は、豊葦原《とよあしはら》の瑞穂国《みずほのくに》を安国《やすくに》と平らけく知ろしめせと事依《ことよ》さしまつりき。

とあるのは、天皇が神々のミコトモチ（御命令）によって、この国を稲穂のみずみずしく稔る安らかな平穏な国とするようコトヨサシ（御委任）を受けられた次第を語っている。

新嘗祭は年々歳々おこなわれるが、御一代初の新嘗祭は大嘗祭（践祚大嘗祭）といい、格別厳重におこなわれた。悠紀・主基といって日本国中の中から選ばれた国で、鄭重な上にも鄭重に、神聖な上にも神聖な扱いをもって作った稲の初穂をもっておこなわれる。その詳細は後章に記すが、十一月中卯日の大嘗宮の儀に続いて辰の日に饗宴があり、そのとき大中臣が寿詞という一種のお祝いの言葉を述べる。「中臣寿詞《なかとみのよごと》」または「天神寿詞《あまつかみのよごと》」というものであるが、その中にも、

高天の原に神留ります皇親《すめむつ》神ろぎ神ろみの命もちて八百万神等を神集へたまひて、皇孫の尊は高天の原に事始めて、豊葦原の瑞穂の国を安国と平けく知ろしめして、天つ日嗣《ひつぎ》の天つ高御座《たかみくら》に御坐《おほま》しまして、天つ御膳《みけ》の長御膳《ながみけ》の遠御膳《とほみけ》と、千秋《ちあき》の五百秋《いはあき》に、瑞穂を平らけく安らけく、斎庭《ゆには》に知ろしめせと、事依《ことよ》さしまつりて、天降《あまくだ》しましし後に　云々

とある。これもニニギノミコトが天上から斎庭の穂を持って天降ってくるという、いわゆる天孫降臨《てんそんこうりん》の神話に相当し、この稲を以て瑞穂の国を実現することが天皇の聖使命であると語り、その実現への祈りをこめて、それをきこしめすことの意義を格調の高い詞章で綴っているのである。もとより稲の実りを以て象徴するのは、稲が我々日本人の生命を養うもっとも大切な主食であるからで、稲作りを始めとして諸他の生産におよぶのであり、豊かな生産に支えられた日本国家の繁栄を希求するに外ならないのである。

日継の御子

皇孫命、すなわち天皇は、ニニギノミコトという名に象徴される稲穂のにぎにぎしく稔った姿を体現される存在となられる。その稲は、皇祖天照大神《あまてらすおほみかみ》より授けられた「斎庭の穂」である。それには皇祖《こうそ》＝日神《ひのかみ》の霊威がこもっている。これをきこしめすことは、皇祖の霊威を身に体し、大御神とご一体になられることである。そういう意義をもっておこなわれるのが大嘗祭であり、それを年々くり返して霊威の更新をはかられるのが新嘗祭である。

新嘗祭は現在は十一月二十三日であるが、もとは陰暦十一月中卯日であったから、冬至の日の前後にあたる。太古においてはおそらく冬至の日であったろう。その日の亥刻（午後十時）といえは、もっとも太陽の衰えた時刻である。その陽の極まった果てに、忌み籠って夕御饌をきこしめして日神の霊威を身に体し、子刻（十二時）には一たん退出されるが、暁の寅刻（午前四時）再び神嘉殿に御されて、朝御饌《あさみけ》をきこしめされて、一陽来復、復活した太陽＝日神とともに、天皇としての霊性を更新されて、若々しい「日の御子」「日継の御子」として、この現世に顕現されるものと解されるのである。

新嘗祭の起源

宮廷の新嘗祭は、「豊葦原の瑞穂国」という稲の豊かな稔りに恵まれた国を実現することを聖使命とされる天皇のもっとも大切なおつとめである。その起源を尋ねるなら、おそらくは水稲耕作が始まった弥生時代に、稲魂そのものを祭ったニイナメの儀礼にまで遡ることになるが、一応宮廷の祭祀として、成立したときはいつかを文献の上に求めると、『日本書紀』には次のような記事が見出される（以下、田中卓氏「奈良時代における新嘗と大嘗について」『大嘗祭の研究』皇學館大学神道研究所編参照）。

①〔神代巻・宝鏡開始、本文〕（素戔嗚尊《すさのおのみこと》）復《ま》た天照大神の新嘗《にひなへきこ》しめす時を見て、則ち陰《ひそか》に新宮《にひなへのみや》に放屎《くそま》る。

②〔同・同、第二の一書〕日神《ひのかみ》の新嘗《にひなへきこ》しめす時に及至《およ》びて、素戔嗚尊、即ち新宮の御席《みまし》の下に、陰《ひそか》に自ら送糞《くそま》る。

③〔同・天孫降臨、本文〕（高皇産霊尊《たかみむすびのみこと》）是に矢を取《と》りて還《かへ》して投《な》げ下《おろ》したまふ。……時に、天稚彦、新嘗《にひなへ》して休臥《おふ》せる時なり。

④〔仁徳天皇四十年〕是歳《このとし》、新嘗《にひなへ》の月に当りて、宴会《とよのあかり》の日を以て、酒《おほみき》を内外命婦《ひめとね》

等《たち》に賜ふ。
⑤〔清寧天皇二年十一月〕大嘗《おほにへ》供奉《たてまつ》る料に依りて、播磨国に遣《つかは》せる司《みこともち》、山部連《やまべのむらじ》の先祖伊予来目部小楯《とほつおやいよのくめべのをだて》、赤石郡《あかいしのこほり》の縮見屯倉首《しじみのみやけのおびと》忍海造《おしぬみのみやつこ》細目《ほそめ》が新室《にひむろ》にして、市辺《いちのへの》押磐皇子《おしはのみこ》の子億計《おけ》・弘計《をけ》を見でつ。
⑥〔顕宗天皇即位前紀〕白髪天皇（清寧）二年の冬十一月に、播磨国司山部連の先祖伊予来目部小楯、赤石郡にして、親ら新嘗《にひなへ》の供物《たてまつりもの》を弁《そな》ふ。
⑦〔用明天皇二年四月丙午（二日）〕磐余《いはれ》の河上《かはかみ》に新嘗《にひなへ》御《きこしめ》す。
⑧〔舒明天皇十一年正月〕乙卯（十一日）に、新嘗《にひなへきこしめ》す。蓋し有間に幸せるに因りて、新嘗《にひなへ》を闕《もら》せるか。
⑨〔皇極天皇元年十一月〕丁卯（十六日）に、天皇新嘗《にひなへ》御《きこしめ》す。是の日、皇子《みこ》・大《おほ》臣《おみ》、各自ら新嘗《にひなへ》す。
⑩〔天武天皇二年十二月〕丙戌（五日）に、大嘗《おほにへ》に侍奉《つかへまつ》れる中臣《なかとみ》・忌部《いむべ》及び神官《かむつかさ》の人等、并せて播磨・丹波、二つの国の郡司、亦以下の人夫等に、悉に禄賜ふ。因りて郡司等に、各爵一級賜ふ。
⑪〔同五年九月〕丙戌（廿一日）に、神官奏して曰さく、「新嘗《にひなへ》の為に国郡《くにこほり》を卜《うらな》はしむ。斎忌《ゆき》（此をばユキと云ふ）は尾張国の山田郡、次《すき》（此をばスキと云ふ）は丹波

国の訶沙《かさ》郡、並に卜《うら》に食《あ》へり」とまうす。

⑫〔同五年十月〕乙未の朔《ついたちのひ》に、置酒《おほみきをめ》して郡臣に宴たまふ。丁酉〔三日〕に、相嘗《あひにへ》の諸の神祇に幣帛《みてぐら》を祭《たてまつ》る。

⑬〔同五年十一月〕朔に、新嘗の事を以て、告朔《ついたちまうし》せず。

⑭〔同六年十一月〕乙卯〔廿一日〕に、新嘗《にひなへきこしめ》す。辛巳〔廿三日〕に、百寮の諸の位有る人等に食《いひ》賜ふ。乙酉に、新嘗に侍《つか》へ奉りし神官及び国司等に禄賜ふ。

⑮〔持統天皇五年十一月〕辛卯〔廿四日〕に、大嘗す。神祇伯中臣朝臣大嶋、天神寿詞を読む。壬辰〔廿五日〕に、公卿にも食衾《おものおほみふすま》賜ふ。

右の記事の中で、①②③の神代巻の事例は、後世の「新嘗」の行事の反映であって、そのまま史実とは認められないが、遥か遠いむかしより行われていたことを語っているものである。また③にみられるように天稚彦が「新嘗して休臥」していたというのは、臥床して神霊のよりつくのを待った様子がうかがわれる。④の仁徳天皇の事例も、これをもって直ちに新嘗祭の初見とすることはできないが、その頃既に「新嘗」が宮廷の行事になっていたとみて差し支えない。

大嘗と新嘗

⑤⑥の記事は、『播磨国風土記』美嚢郡の項にも記されていて、清寧天皇の即位に関わる大嘗祭の料を得るため播磨国に赴いた使が、たまたまここに市辺押磐皇子の子億計《おけ》王（後の仁賢天皇）・弘計《をけ》王（顕宗天皇）を見出したことをいうのであって、ことさらに大嘗祭のことを記したものではないだけに信憑性は高いといわねばならない。したがって五世紀代にはすでに恒例化していたとみられる。しかもこのときは「大嘗」とも「新嘗」とも記すのであるから、御一代初の新嘗祭、すなわち大嘗祭とみられるが、ただしその頃は未だ「大嘗」と「新嘗」の区別ははっきりしていなかった。「神祇令」においても、新嘗祭のことを「大嘗祭」としており、『延喜式』の祝詞も「大嘗祭」とあるのは、毎年の新嘗祭のことで、平安時代の初めまで、毎年の宮中の新嘗祭を大嘗祭といい、御一代初の新嘗祭は践祚大嘗祭といった。後には大嘗祭といえば践祚大嘗祭のことで毎年のそれは新嘗祭である。清寧天皇紀の「大嘗」の記事も、それゆえ即位に関わる大嘗祭とは考えずに、毎年の新嘗祭とみる説もあるが、大嘗の料の調達のためわざわざ播磨国まで使を遣わしているのであるから、毎年のそれではなく、やはり御一代初の大嘗祭とみてよいであろう。当時少なくとも「嘗」の行事がおこなわれていたことは確実である。なぜなら、この説話は、億計王・弘計王を見出

したことにともなう物語りで、殊更に造作されたとは考えられないからである。しかも、⑦⑧の記事によってもうかがえるように、正月とか四月に異例の時期におこなわれたもののみが記されているのは、新嘗祭が恒例の行事であって、格別のことがなければ記録されなかったのであろう。

⑨の皇極天皇の時は、元年ということからみて、後の大嘗祭に相当する御一代初の新嘗祭とみられる。このときすでに十一月中卯日におこなわれていたことも注目すべき点である。

⑩の天武天皇の「大嘗」は壬申の乱後の二年二月、飛鳥浄御原宮に即位された後の初めての新嘗で、この時、播磨・丹波二国の郡司以下にも叙位賜禄のことがみえているから、大嘗祭として大々的におこなわれた確実な史料である。次の⑪⑬⑭の記事は、毎年の大嘗祭に準じて、盛大におこなわれるべきことを意図されたものと察せられる。⑫の「相嘗祭」というのは、十一月の新嘗に先立つ十月に諸神祇に幣帛を奉られたのであるから、後にいう「相嘗祭」であるとみてよい。

⑮の持統天皇の記事は諸本に「十一月戊辰」とあるが「戊辰」は朔日であったから、「朔辛卯」と補って辛卯（二十四日）におこなわれたとみられる。持統天皇は四年正月即位になったが、大嘗祭は翌年十一月におこなわれたのである。これがご即位初の大

嘗祭であることは、中臣が寿詞《よごと》を読み、またこのとき神祇官の長上以下や、そのことに供奉《くぶ》した播磨・因幡の郡司以下にまで賜禄のことがあったことにより明瞭である。

以上の『日本書紀』の記事によって「大嘗」と「新嘗」の区別は、天武天皇以後明瞭となったが、それ以前は必ずしも明らかではないものの、少なくとも「新嘗」が恒例の行事であったことは、用明・舒明・皇極天皇の記事によってもうかがわれ、その始行は、清寧天皇のときまで遡り得ることになる。

それではこれをさらに『古事記』について確かめてみると、次の記事が挙げられる。

①「神代巻・須佐之男命の勝さび」またその大嘗聞こしめす殿に屎まり散らしき。

⑩「履中天皇」本、難波の宮に坐しし時に、大嘗に坐して豊明《とよのあかり》したまひし時に大御酒にうらげて大御寝ましき。

①は『書紀』の①②③と同様神代の物語で史実とはし難いが、⑩は「大嘗」きこしめす、つまり「嘗」の儀があったことをあらわすものであろう。

雄略天皇と三重の采女

次に㋩として挙げられるのは、雄略天皇が長谷《はせ》の百枝《ももえ》の槻《つき》の木の下で豊楽《とよのあかり》していたとき伊勢の国の三重の采女《うねめ》が大盃を捧げて献ったその盃に、槻の葉が落ちて浮かんだため、采女を殺そうとされたが、そのとき采女が天皇の賛歌をうたったので許されたという話である。その歌は、

纒向《まきむく》の　日代《ひしろ》の宮は　朝日の　日照《ひて》る宮　夕日の　日がける宮　竹の根の　根垂《ねだ》る宮　木の根の　根蔓《ねば》ふ宮　八百土《やほに》よし　い築《きづ》きの宮　真木《まき》さく　檜《ひ》の御門《みかど》　新《にひ》嘗屋《なへや》に　生《お》ひ立てる　百足《ももだ》る　槻《つき》が枝《え》は　上枝《ほつえ》は　天《あめ》を覆《おほ》へり　中つ枝《え》は　東《あづま》を覆へり　下枝《しづえ》は　鄙《ひな》を覆へり　上枝の　枝《え》の末葉《うらば》は　中つ枝に　落ち触《ふ》らばへ　中つ枝の　枝の末葉は　下《しも》つ枝に　落ち触らばへ　下つ枝の　枝の末葉は　あり衣《ぎぬ》の　三重《みへ》の子が　指挙《ささが》せる　瑞玉盞《みづたまうき》に　浮きし脂《あぶら》　落ちなづさひ　水こをろこをろに　是《こ》しも　あやに恐《かしこ》し　高光《たかひか》る　日《ひ》の御子《みこ》　事《こと》の　語言《かたりごと》も　是《こ》をば

（纒向の日代の宮は、朝日の照り輝く宮、夕日の照り輝く宮、竹の根の十分に張る宮、木の根の張る宮、多くの良い土で築き固めた宮、その檜造りの御殿の新嘗屋に繁茂した槻の木の枝は、上の枝は天を覆い、中の枝は東を覆い、下の枝は鄙を覆うめでたい木です。その上枝の先の葉は中の枝に散り触れて、中の枝の先の葉は下の枝に散り触れて、下の枝は三

重の采女が捧げた杯に落ちてきて浸り漂い、水音もころころと島のように浮かんでいます。これこそまことにめでたいことです。高光る日の御子よ。以上が事の次第を語る詞章です。これをどうぞ。）

というものであった。葉が杯に散り落ちた槻の木（今のけやき）は生命力の強い貴い木である。その木の下枝の末葉は上から順に散りかかってきた葉の霊力をもっともよく受け、蓄積している。この霊力を受けた葉が水に浮かぶ様をイザナギ・イザナミ二神が天の沼矛で塩をこおろこおろと掻き鳴らして国土を生成したという故事になぞらえて、祥瑞と見立てたのである。そのとき皇后も歌われた。

倭《やまと》の　この高市《たかいち》に　小高《こだか》る　市《いち》の高処《つかさ》　新嘗屋《にひなへや》に　生ひ立てる　葉広《はびろ》　五百箇真《ゆつま》
椿《つばき》　其《そ》が葉の　広《ひろ》り坐《いま》し　その花の　照《て》り坐《いま》す　高光る　日の御子に　豊御酒《とよみき》
献《たてまつ》らせ　事の　語言も　是をば

（倭の高市、小高い丘に立つ市の、その丘に建てた新嘗屋に生い立った幅広の神聖な真椿のその葉のように心がひろやかであられ、その花のように姿は輝いておられる神々しく光り輝く日の御子に豊御酒をさしあげてください。以上が事柄を語る詞章です。）

これらは天語歌《あまかたり》とされている。天語歌というのは、海人族《あまぞく》の伝えた歌で、五世紀代以前よりあったとされている。これらの歌は、ともに天皇の新嘗《にひなへ》きこし召す殿を讃え、そこで新嘗の儀を終えられて「高光る日の御子」となられた天皇を讃えているのである。ところがここに「纏向の日代の宮」とあるのは、景行天皇の宮殿のことで、この歌謡は景行天皇への寿歌であったものが、雄略天皇の物語りに紛れて取り入れられたものであった。それ故、田中卓氏はこの「新嘗」は景行天皇のときまで遡らせることができるとされる。景行天皇とすると四世紀のこととなるが、少なくともその頃、新嘗の儀礼が恒例化していて、新嘗屋に忌み籠って新穀をきこし召した上、豊明の節会という饗宴のあったことを示すものであろう。

以上のように、宮廷に於ける新嘗祭は、すでに四、五世紀の頃から恒例化していて、天皇が「日の御子」としての実質を体現される儀であったとみられる。それが宮中祭祀として形を整えたのは天武天皇の頃で、令制によって制度化されたのである。

国家の大事

神祇令では仲冬下卯日の祭りとなっていた（そこでは「大嘗祭」と表記している）。平

安時代の『延喜式』には、その冒頭に

> 凡そ、践祚大嘗祭を大祀と為し、祈年《としごひ》・月次《つきなみ》・神嘗《かむにへ》・新嘗《にひなへ》・賀茂《かも》等の祭を中祀と為し、大忌《おほいみ》・風神《かざかん》・鎮花《はなしづめ》・三枝《さいぐさ》・相嘗《あひむべ》・鎮魂《たましづめ》・鎮火《ひしづめ》・道饗《みちあへ》・園韓神《そのからかみ》・松尾・平野・春日・大原野等の祭りを小祀と為せ。

とあって、ご一代一度の大嘗祭はとくに践祚大嘗祭と呼び、大祀はこれのみであった。毎年の新嘗祭は祈年祭・月次祭（六月・十二月）・神嘗祭、および平安京の鎮守としての賀茂社の祭りとともに中祀とされていた。

寛平五年の「格」には、

> 二月の祈年、六月・十二月の月次、十一月の新嘗祭は、国家の大事なり。

とあって宮中祭祀の中でもとくに大事な国家的祭祀とされていたのである。

五　大嘗祭の準備

大嘗祭の呼称

大嘗祭は、天皇御即位初の新嘗祭である。「大嘗」は「オホニヘ」と訓み、「オホムベ」とも称され、または「御べ」とも記された。延喜の制では、践祚大嘗祭と称し、これのみが大祀となっていた。『延喜式』には毎年の新嘗祭の宮中におこなわれるものを大嘗祭といい、御一代一度の大嘗祭はとくに践祚大嘗祭とされていたのである。のちに大嘗祭といえば践祚大嘗祭のことで、毎年のそれは新嘗祭と呼称することになった。

「大嘗」の意は、先にも記したように、「職員令」の義解に、

新穀を嘗して以て神祇を祭るなり。朝は諸神の相嘗祭、夕は新穀を至尊に供す。

とあり、また「神祇令」の義解に、

天皇、即位したまはば　天神地祇を惣祭す。

とあり、御即位後はじめて新穀を聞こしめすにあたって天神地祇を祭られる儀と解することができるが、それがどのような意義をもっているのかについて考察を進めてみよう。そのためには、まず大嘗祭がどのようにしておこなわれるのか、概略知る必要がある。もちろん、時代によって、規模も式次第も舗設の状況も変遷があるが、一応もっとも形の整った平安時代の模様を窺ってみよう。

悠紀・主基の国郡卜定

大嘗祭（践祚大嘗祭）は、十一月下卯（卯日三回のときは中卯）の日にはじまり、辰・巳両日の節会、午日の豊明節会にいたるまで四日間にわたる盛大な儀式であった。

それは天皇の御即位が七月以前ならばその年、八月以後ならば翌年におこなわれた。これは稲の生育の関係による。まず、悠紀・主基の国郡を卜定《ぼくじょう》し、検校と両所の行事を定め、斎田において稲の耕作がおこなわれた。

悠紀とは「斎忌《ゆき》（斎み清まわる意）」、または「斎城《ゆき》（聖域の意）」であり、主基《すき》は「次

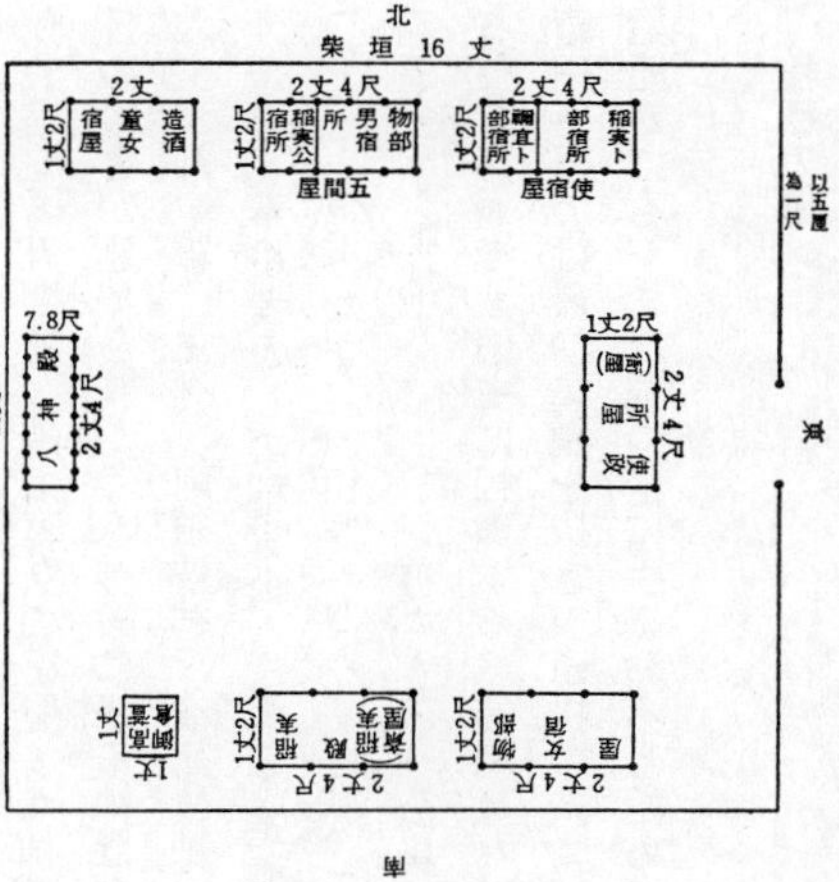

斎田斎場略図

（ユキに次ぐ意）」と解されている。悠紀・主基ははじめて史にみえた天武天皇二年のときは、播磨国と丹波国であったが、以後、別掲のように概ね京より東に悠紀、西に主基が選ばれた（巻末、大嘗祭年表参照）。

卜定は亀卜《きぼく》といって、亀の甲を焼いてその亀裂によって神意を判じる方法である。最初に悠紀国と主基国とが卜定され、次にその両国から斎郡が卜定され、さらにまた両斎郡の中から各斎田が点定された。

抜穂の使

八月上旬、抜穂使が両国に派遣される。使には宮主一人、卜部三人の都合四人をあて、両国に各二人ずつに分けられた。そのうちの一人を稲実卜部といい、他を禰宜卜部という。使はその国にいたると大祓を修し、斎田と斎場を卜定し、それぞれ四隅には木綿《ゆふ(う)》をつけた榊を刺し立てて、聖地の標示とし、斎場には使の政所屋《まんどころのや》・使の宿屋《とのいのや》・五間屋・造酒童女《さかつこ》の宿屋・八神殿・高萱《たかかや》の御倉《みくら》・稲実殿《いなのみのとの》・物部の宿屋の八棟の殿舎が建てられた。八神殿に祭る神は御歳神《みとしのかみ》・高御魂神《たかみむすびのかみ》・庭高日《にはたかつひ》神・大御食《おほみけつ》神・大宮女《おほみやのめ》神・事代主《ことしろぬし》神・阿須波《あすは》神・波比伎《はひき》神で、これを御膳《みけ》八神という。

一方、奉耕者として稲実公《いなのみのきみ》（一人）・造酒童女（一人）・大酒波《おほさかなみ》（一人）・大多米《おほため》酒波《さかなみ》（一人）・粉走《こばしり》（二人）・相作《あひつくり》（四人）・焼灰《はひやき》（一人）・採薪《たきぎとり》（四人）・歌人《うたびと》（二十人）・歌女《うため》（二十人）・物部人《もののべのひと》（十五人、男六人女九人）等が卜定される。稲実公は御稲のことを司る長であって大田《おほた》主《ぬし》に相当する。造酒童女は白酒黒酒の醸造に奉仕する童女であるが、斎田行事では最初に穂を抜き、斎場の造営に当たっても忌鎌で草を払い、忌鍬で掘り始めるにも、また稲つきに手をおろし始めるのもこの童女である。

抜穂の儀

九月に入り吉日を選んで抜穂の儀が行われる。抜穂使《ぬいぼのつかひ》の卜部は郡司、造酒童女以下雑色人《ざうしき》を率いて、まず水辺で祓を行い、次いで斎田に臨んで稲穂を抜き取る。まず造

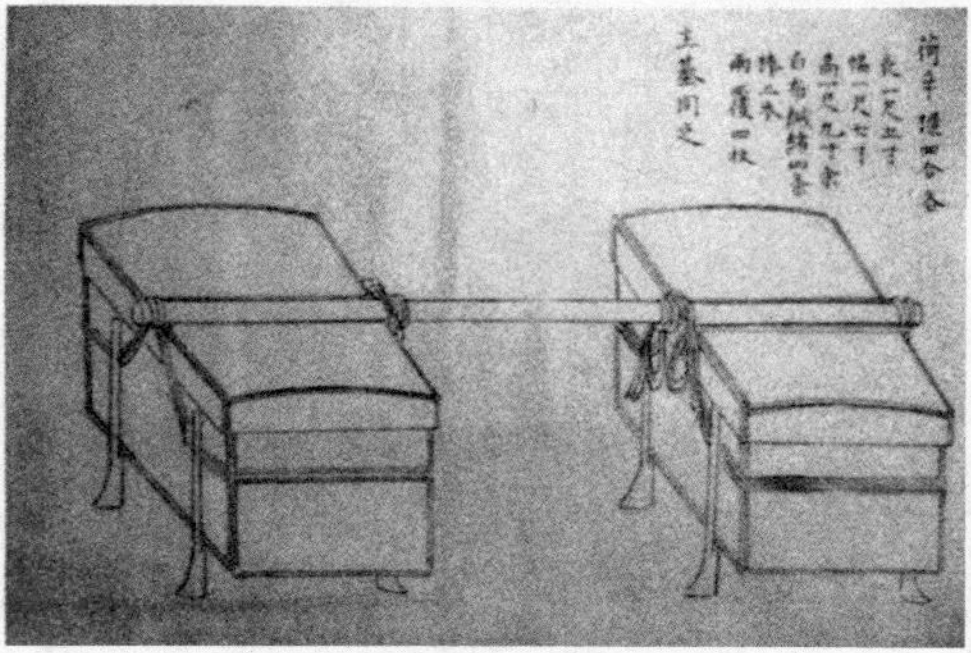

荷辛櫃

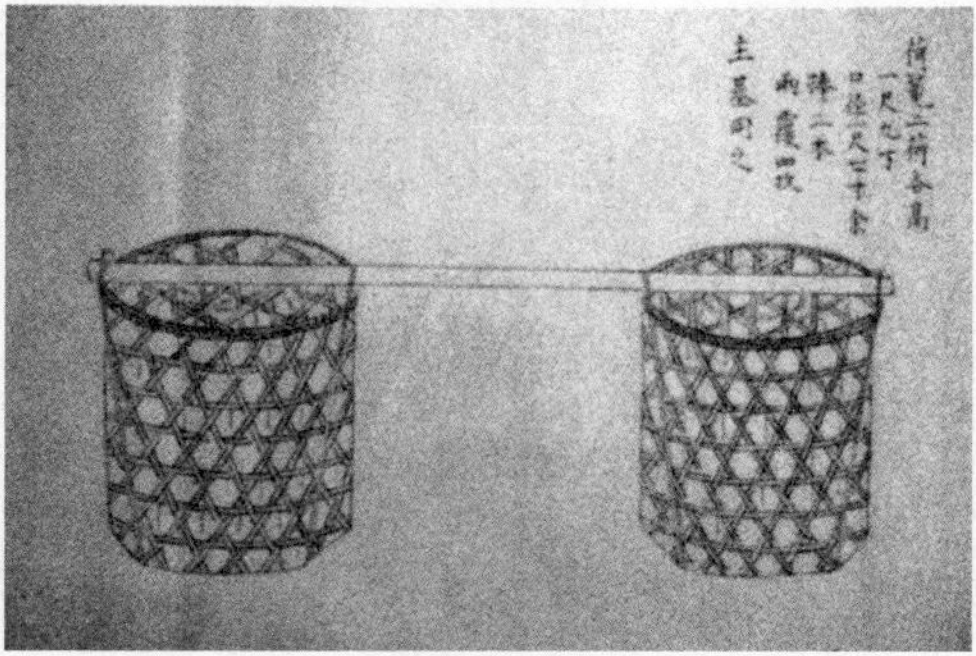

荷　籠

酒童女、次に稲実公、次に酒波、次に物部の男女、次に担夫といった順序で、抜き取った稲穂は斎院に乾し、とくに最初の四束は高萱御倉に納め、供御《くご》の御飯《おんいい》の料に充てる。その他は白酒黒酒の料となる。次いで御膳八神を祭り、九月下旬に至りこれらすべてを数十の籠に納めて御飯の稲を先頭に、稲実公は木綿鬘《ゆふかづら》をつけ、行列を仕立て京都の北野の斎場に向かうのである。

北野の斎場

これより先、北野の斎場には八間の神座の殿・高萱片葺御倉《たかかやのかたふきのみくら》・稲実殿《いなのみのとの》・倉代殿《くらしろとの》・御《み》贄殿《にへのとの》・鋪設殿・黒酒殿・白酒殿・麴室《こうじのむろ》屋・大炊屋《おほいのや》・臼殿《うすのとの》の十一棟が建てられていて・御稲《みしね》はここに運びこまれて、白酒黒酒を始め御贄が調備されるのである。

御贄

御贄には御飯のほかに種々のものがあり、これを「由加物《ゆかのもの》」といい、紀伊国から薄《うす》鰒《あわび》・生鰒・生さざえ・海藻《め》等六種、阿波国から薄鰒・年魚《あゆ》・橘子《たちばなのみ》等十二種、淡路国から瓫《ほとぎ》・比良加《ひらか》・壺等三種が調進され、これらの物は十一月上旬までに進納することになっていた。

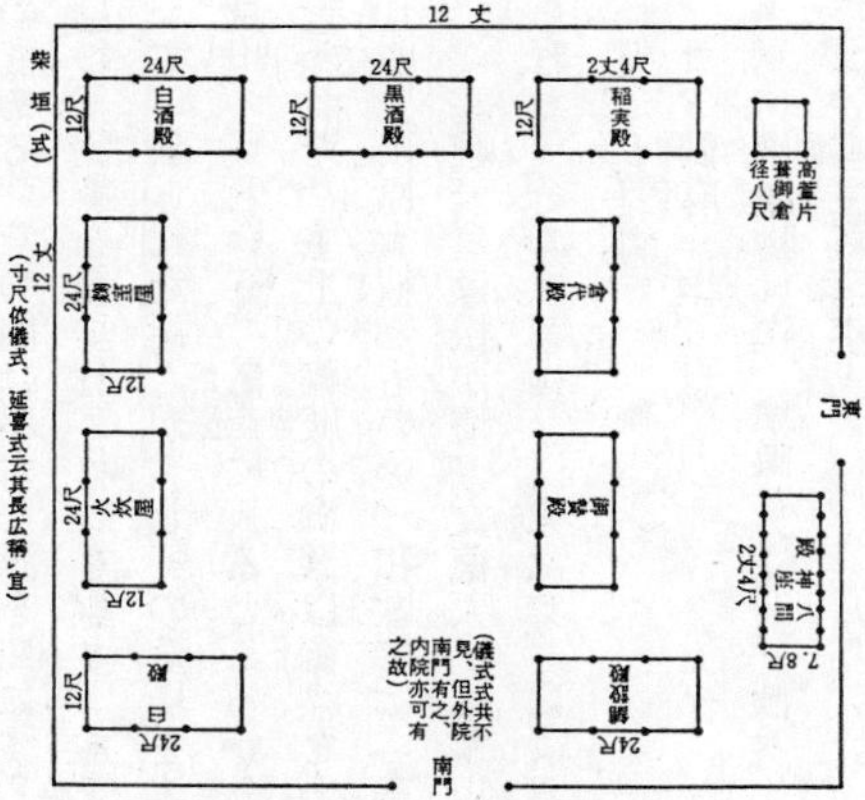

北野斎場悠紀内院図（貞観儀式）

神服

また大嘗祭に奉る神服《かむみそ》は神服社《かんはとりのやしろ》の神主一人を神服使《かんはとりのつかひ》として参河国に遣わし、その国の服部の奉る絹糸十絢を奉持して織部の長二人、織女六人、工人《てびと》二人のあわせて十人を率いて京の斎場に至り、悠紀・主基五人宛にわかれて神服の和妙《にぎたへ》を織る。織り上がったものを繒服《そうふく》（にぎたえのきぬ）という。これに対して阿波国の忌部に織らしめたものが麁服《そふく》（あらたえのきぬ）である。

御禊

大嘗祭のための斎戒《さいかい》は『延喜式』に散斎《さんさい》（あらいみ）一月（十一月朔より晦

にいたる)、致斎《ちさい》(まいみ)は三日(丑日より卯日にいたる)と定められている。古制においては、散斎三月、致斎三日であったが平城天皇大同三年改められて一月となったものである。その間は不吉な語を口にすることも慎み、忌詞《いみことば》を用いた。死を直る、病を息む、哭くを塩垂れ、打つを撫ず、血を汗といった類である。この斎戒に入るに先立って、限られた司人が、北野の斎場を流れる川で祓を行い、厳重な斎戒に従った。荒身川の祓という。散斎《あらいみ》に入るところから名付けられたのであろう。三か月前の八月に行われた。主上の禊祓《みそぎはらへ》の御儀は御禊《ごけい》といい、十月下旬に川原に行幸して行われた。それゆえ川原大祓ともいい、和歌では「豊《とよ》の御禊《みそぎ》」ともいっている。平城天皇は葛野川で、嵯峨天皇は松が崎、文徳天皇は鴨川にて御禊あり、その後は二条三条の末を用いられた。その次第は『江家次第』によると、主上河原の幄に着御の後

イ、御手水
ロ、御麻《みぬさ》一撫一息
ハ、御贖物《みあがもの》供進(御贖物は解縄と散米、および人形)
ニ、宮主《みやじ》祓詞奏上
ホ、五穀を散ずる

以上のような順で行われた。

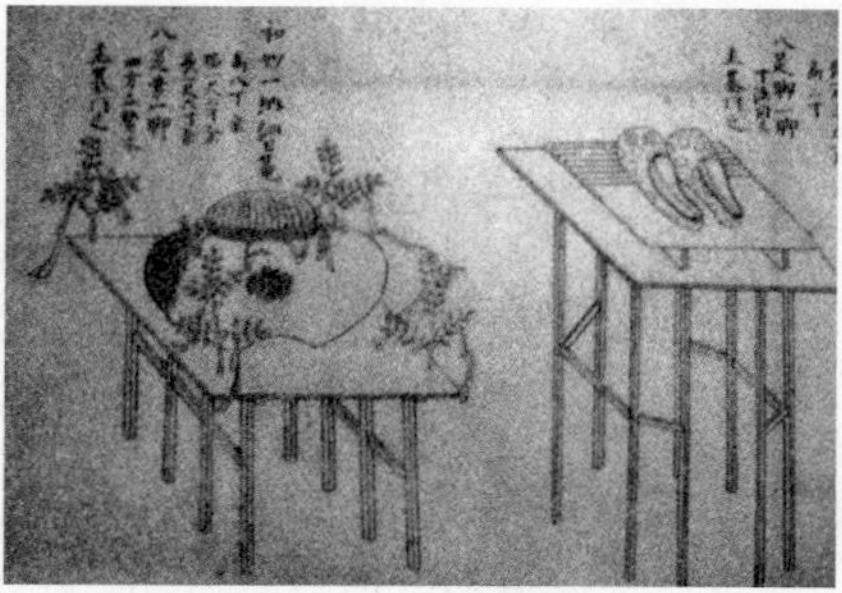

和妙

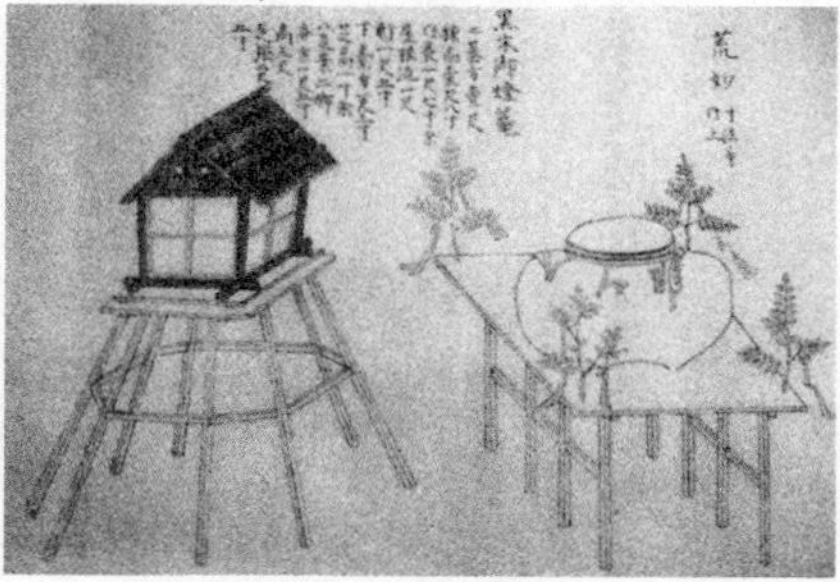

荒妙

麁服入目籠

奉幣

大嘗祭にあたって、神宮はじめ諸社への奉幣は三回行われた。一は八月下旬の大奉幣で、大嘗祭の無事遂行を祈願されるものであった。これには祈年祭の班幣の対象となった三一三二座の神々が預かった。次は十一月上旬伊勢および賀茂、石清水三社に行われる由奉幣《よしのほうべい》である。由奉幣とは、もともとは伊勢の神宮のみに大嘗祭の行われる由を奉告される意味の奉幣のあったものが、淳和天皇の頃より賀茂、石清水も加えられたものである。その三は卯日平明に行われる諸社への奉幣で、恒例の新嘗祭と同じく三〇四座の神々である。大嘗祭においては、既に大奉幣を以て無事遂行を祈願されているのであるが、なお恭敬の思し召しを以て三〇四座の神々には重ねて奉幣が為されたものと解される。

大嘗宮の造営

大嘗宮は朝堂院の前庭、龍尾壇下に設けられた。東に悠紀殿、西に主基殿が建てられ、いずれも黒木、草葺の簡素な建物であるが、その造営にあたっては、八月、御料木となる御杣山《みそまやま》の卜定と御萱の野の卜定が行われ、祭りの前七日に地鎮祭が行われた。

荒身川の祓

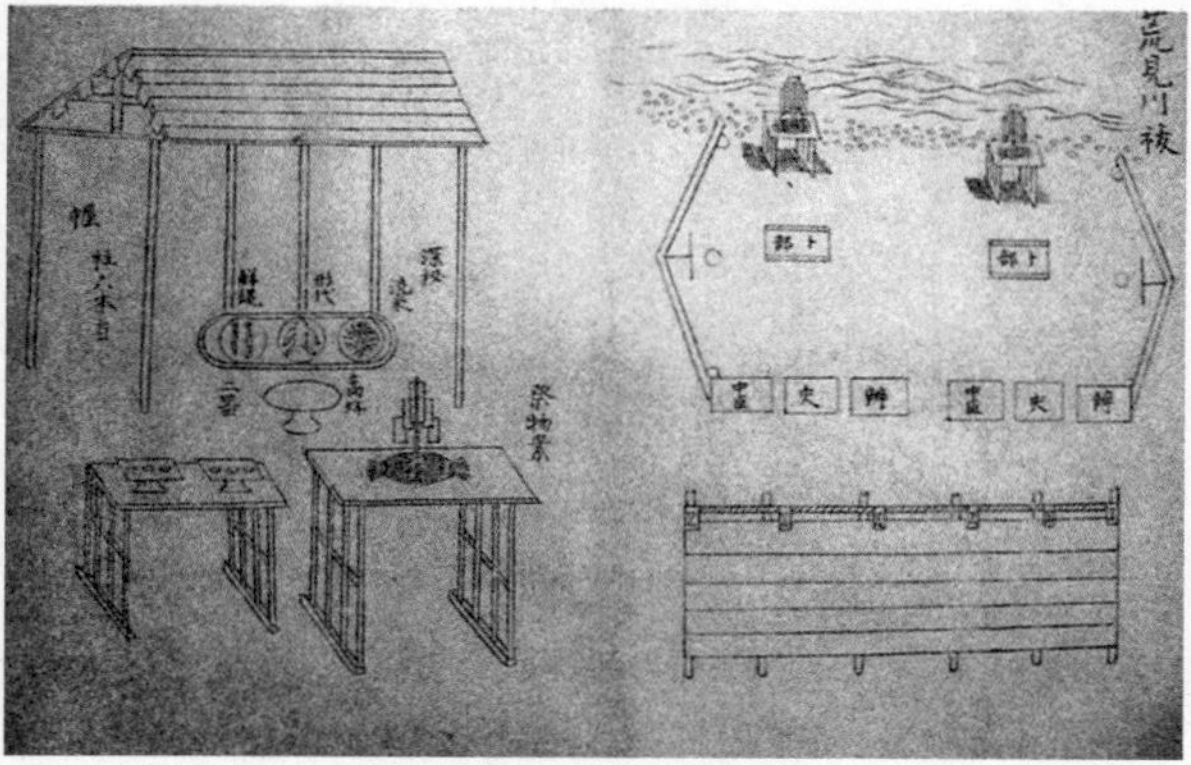

荒身川祓鋪設図

中臣・忌部、ならびに稲実卜部、悠紀・主基両国の国司以下稲実公、造酒童女、焼灰等の雑色人が奉仕した。このとき最初に鍬入れを行うのは造酒童女である。造営の模様は『儀式』によると次の通りであるが、諸殿舎は五日間で作り終わらねばならなかった。すなわち祭りの三日前には竣功していた。竣功の際は大殿祭（おおとのほがい）、御門祭（みかどのまつり）が行われた。

大嘗宮の造営次第は『儀式』によると概略次の通りである。

祭りに先立つこと七日、大嘗宮の斎殿の地を鎮める。

（中略）

宮主は祭文を執り、南門の内に入り再拝両段（主基もその門内に入り再拝）。鎮め畢って二国の童女各木綿を着けた賢木《さかき》を執って神殿の四隅ならびに門処に樹てる。

訖って斎鍬を執り、始めて殿の四隅の柱の穴を掘る。

然る後、諸工一時に手を起こす。

其の宮地は東西二十一丈四尺、南北十五丈、これを中分して、東を悠紀院とし、西を主基院とする。

其の宮垣（柴垣）①の正面に一門を開く②。内に屏籬《まがき》を樹てる③。

正東の少し北に一門を開き④、外に屏籬を樹てる（悠紀の国作る）。

正北にもまた一門を開き⑤、内に屏籬を樹てる。

正西の少し北に一門を開き⑥、外に屏籬を樹てる（主基の国作る）。

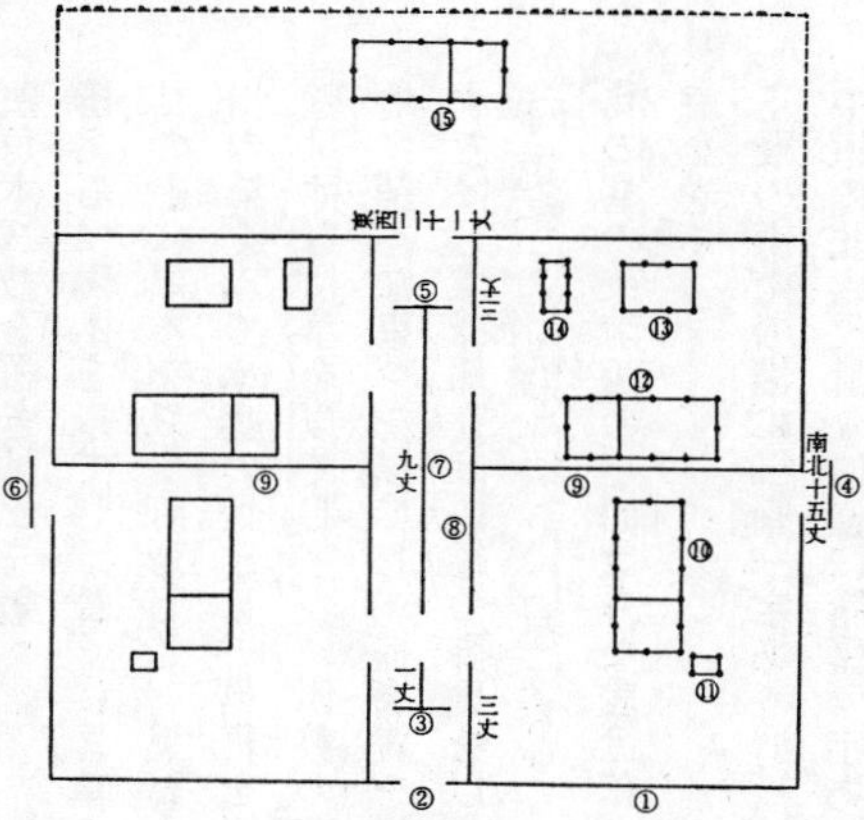

大嘗宮造営次第

南北両門の間、縦に中籬《なかがき》あり⑦、その南の端に道を通じる。

中籬以東一丈五尺計りに悠紀の中垣あり⑧、其の南北両端に各々小門を開く。

其の南北の門の間に中垣あり⑨。

其の南に縦に五間の正殿一宇あり⑩（長さ四丈、広さ一丈六尺、柱の高さ一丈、椽《たるき》の長さ一丈三尺、葛野席《かどののむしろ》を以て其の上を覆ふ。梲《うだち》の高さ四尺、北三間を以て室と為す）。南の戸は席を蔀《しとみ》とす。南二間を以て堂と為す。甍に五尺の堅魚木《かつをぎ》八枝を置き搏風《ちぎ》を着く。

構えるに黒木を以てし、葺くに青草を以てする。

其の上に黒木を以て町形とし、黒葛を以てこれを結ぶ。

檜の竿を以て承塵《しょうじん》の骨とし、黒葛を以てこれを結び、小町席を以て承塵とする。

壁は蔀《しと》むに草を以てし、表に伊勢の斑席《まだらむしろ》を用い、裏《うち》に小町席を用いる。

地に舗《し》くに束草を以てし、播磨簀を以て其の上に加え、簀の上に席を加える。

すでにして掃部寮《かもり》は白端《しろべり》の御畳《おんじょう》を以て席《むしろ》の上に加え、坂枕を以て畳の上に施し、
内蔵寮《うちのくら》は布幌を以て戸に懸ける。

其の堂の東南西の三面はみな表は葦の簾、裏に席の障子あり。正し西面の二間は簾を巻く。

正殿の東南の横に御厠一宇あり⑪。

中垣の北六尺計りに横に膳屋一宇あり⑫。東三間は蔀に柴を以てし、裏に葛野席を用い、西南の壁の下に棚を作る。西二間を盛所《もりどころ》とする。其の西南の間は皆席柴を以てこれを蔀む。

北の垣の南六尺計り横に三間の臼屋一宇あり⑬。

其の西に縦に神服の柏棚あり⑭。

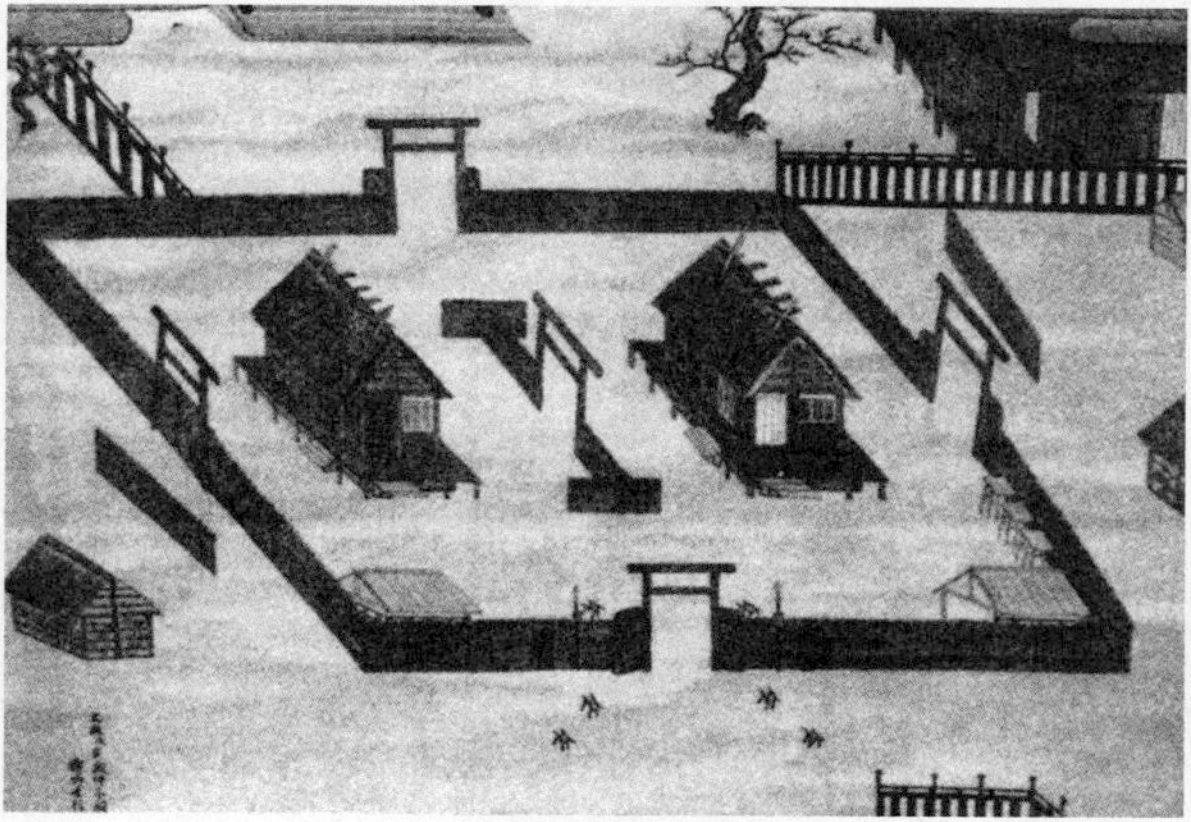

大嘗宮悠紀主基両殿

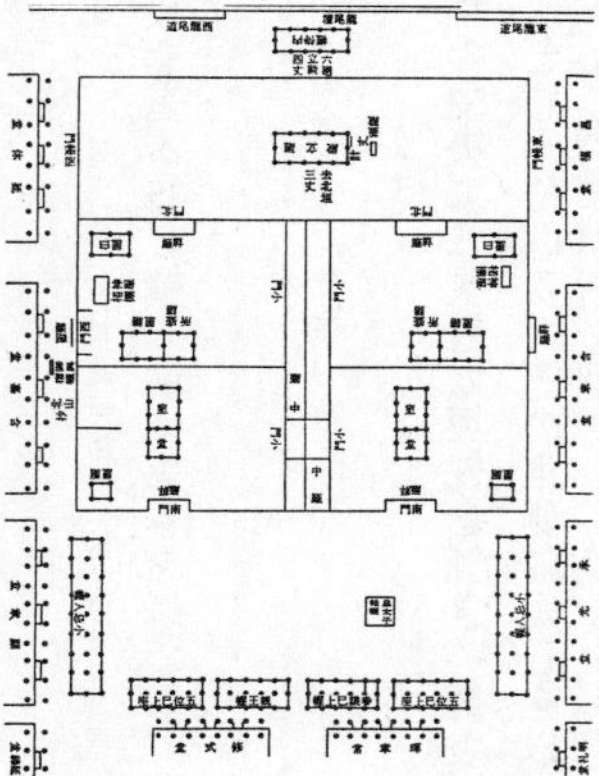

貞観儀式大嘗宮全図
（大内裏図考証より）

五日の内に作り畢る。

（中略）

木工寮は大嘗院の以北に横に五間の廻立殿を造る⑮。構うるに黒木を以てし、葺くに板を以てする。

大嘗宮の内部

さて、大嘗宮（悠紀・主基両殿）の内部は、室の中央に八重畳と坂枕を舗き、御衾《おふすま》と御単《おひとへ》とを懸けてある。これが第一の神座で寝座となっている。その東側に短畳を以て御座《ぎよざ》とし東南神宮の方を向いている。その向こうに神の食薦《すごも》を敷き、ここに神膳を供《ぐ》進《しん》するのである。

大江匡房の『江記（天仁大嘗会記）』によると、御座は第一の神座と一続きになっていて、東を向いていたようである。古く第一の神座（寝座）に坐した天皇がそこから出て、東に向かって御座に着かれたものと察せられる。

鎮魂祭

卯日の前日、寅日には鎮魂祭がある。「鎮魂」とは、「ミタマフリ」とも「オホムタ

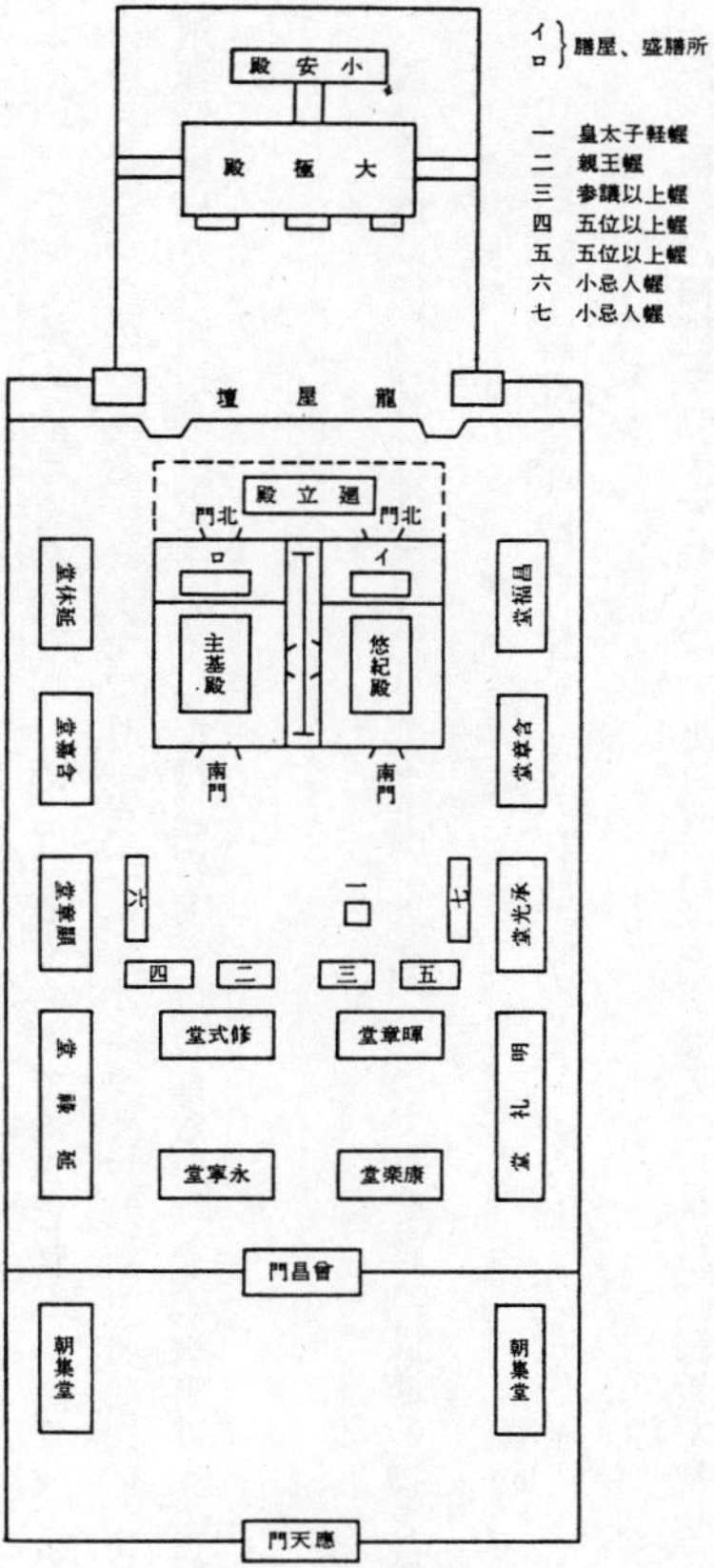

イ
ロ
膳屋、盛膳所
一 皇太子軽幄
二 親王幄
三 参議以上幄
四 五位以上幄
五 五位以上幄
六 小忌人幄
七 小忌人幄
小安殿
大極殿
龍尾壇
廻立殿
北門
北門
ロ
イ
主基殿
悠紀殿
南門
南門
延休堂
含嘉堂
顕章堂
延禄堂
昌福堂
含章堂
承光堂
明礼堂
一
六
七
四
二
三
五
修式堂
暉章堂
永寧堂
康楽堂
会昌門
朝集堂
朝集堂
応天門

大嘗宮位置図

マフリ」とも「ミタマシズメ」とも称し、「招魂」とも記す。「職員令」の義解に「鎮魂」を注して「遊離の運魂を招いて身体の中府に鎮めしむるを云ふ」とあり、天皇の霊魂が身体から遊離しないように鎮める祭りである。魂は放っておくと身体から遊離してふらふらとさ迷い出るものと信じられた。また魂は、しばしば衰えるので、これをふるい立たせて魂の活動を活発ならしめることも必要であると信じられタマフリの行事をおこなったのである。ミタマフリ、またはオホムタマフリとも称したのである。

鎮魂祭は高さ一間余の榊を中心とした神籬《ひもろぎ》の前で行われるが、その次第は次の通りである。

酉の二点（午後六時）神祇伯は官人を率いて参向し、それぞれに供進の物を捧持せしめて庭中に立つ。

この時、神部まず殿内に入り、八代物《やつしろもの》（刀・弓・矢・鈴・佐那岐《さなぎ》・絁《あしぎぬ》・木綿《ゆふ》・麻）を奉安する。

次に神部、神机を舁きて参入、御巫《みかんなぎ》これに従って参入、神机には御飯を載せる。

次に御巫四人、神琴を持ちて参入。

次に伯以下の官人、五位以上、次に六位以下が参入、各座に着く。

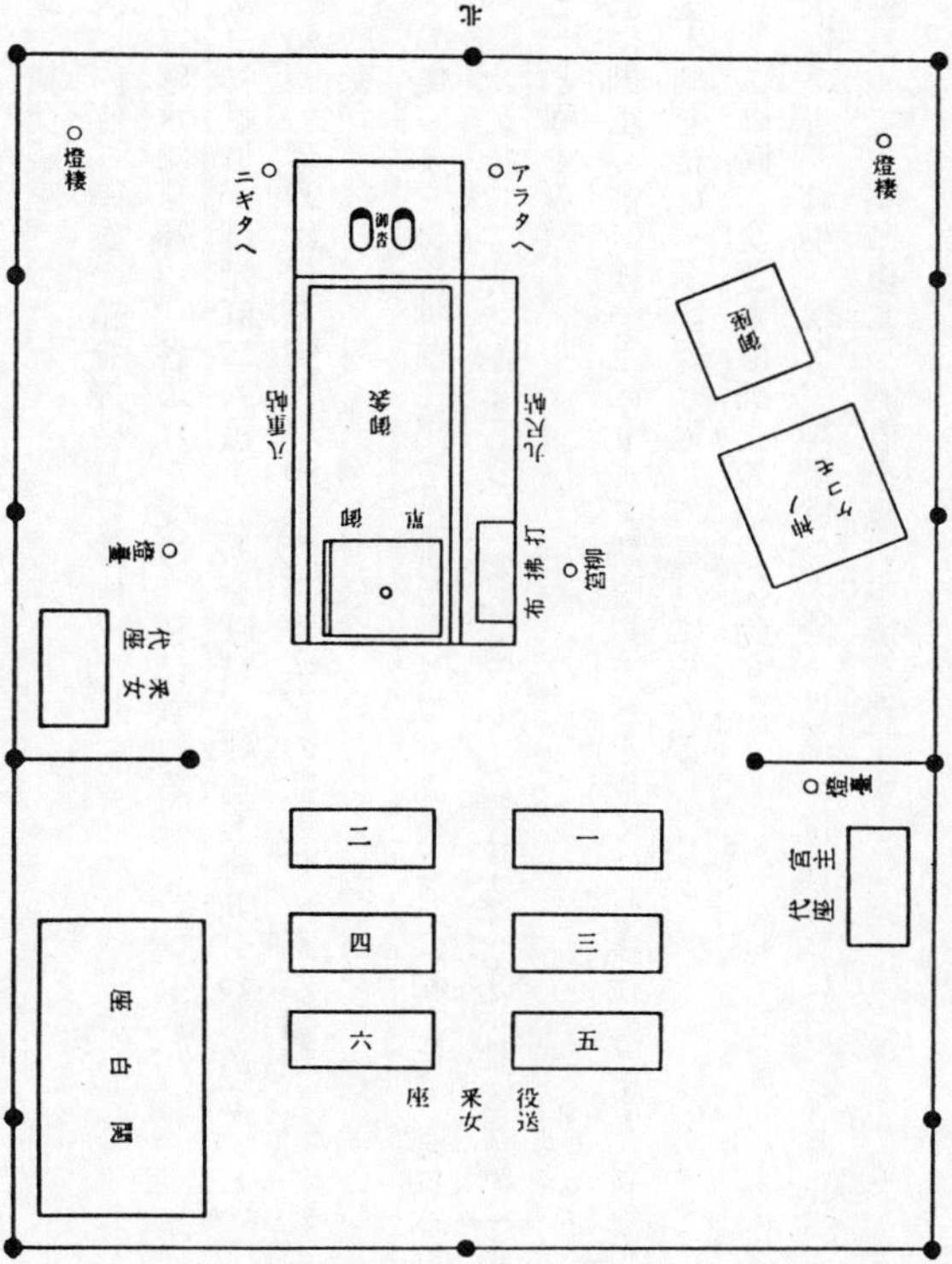

大嘗宮内図（大嘗会便蒙による）

次に献饌。

次に猿女《さるめ》着座。

次に内侍《ないじ》、御衣の箱を捧持して着座。

次に鬘木綿《かつらゆふ》を頒つ、各これを受けて額に着ける。

次に神祇伯、神琴師二人笛工二人を呼び、琴笛を縒り合わしめる。

終わって琴師は琴を弾じ、神楽及び雅楽寮の歌人、一斉に唱和し、これより本儀に入る。

その儀、まず神部神前に出て拍手を催せば、諸員これに和して一斉に八開手を拍つ。次に御巫一人、座を立って舞を舞い、一舞するごとに他の巫部「あなとうと」と称する。

次に御巫、宇気槽《うけふね》の上に立って鉾を以て槽を衝く。一度衝くごとに神祇伯は筥の鬘木綿を結び、十回繰り返して葛筥《くずばこ》に納める。

　この間、女蔵人は御衣の箱を振動する。

次に倭舞。御巫、猿女、神祇官の中臣・忌部。侍従等庭に降りて舞う。

終わって本座に復し、酒肴を賜い本儀を終了する。

行事は

①宇気槽を衝き、

②木綿を結び、

③御衣振動、

④神楽舞、

の要素から構成されていた。宇気槽を衝いて神楽を舞うのは、天の岩戸隠れに際して、天鈿女命が鉄鐸を着け鉾を持って宇気槽を衝いたという神話を想起する。天岩戸隠れの神話は実はこの鎮魂祭の本縁を語るものであった。

木綿を結ぶとは、木綿は楮《こうぞ》の繊維を蒸して細かく割き糸にしたものである。これを結ぶことによって、魂の遊離しないようにしっかりと結びつけるという呪術である。これに対して御衣を振動するのは、魂の衰えないようにふるいたたせるため、聖躬に代えて御衣を振るのである。

鎮魂祭に祭る神は神産日神《かんむすび》・高御産日神《たかみむすび》・玉積産日神《たまつめむすび》・生産日神《いくむすび》・足産日神《たるむすび》・大宮売神《おほみやのめ》・御食津神《みけつ》・事代主神《ことしろぬし》の八神、及び大直日神《おほなほび》である。鎮魂祭は年々の新嘗祭にも、その前日の寅日に行われ、現在も十一月二十二日の夜、古儀のままに行われている。

六　大嘗祭の次第

北野より大嘗宮へ

さていよいよ十一月中卯の当日・早旦より御飯の料の新穀、白酒・黒酒、御贄は籠や辛櫃に納められて全員五千人に及ぶ行列を整え、巳刻（午前十時）を期して北野の斎場を進発し大嘗宮に向かう。悠紀は左、主基は右にあり、その列次は『儀式』によると次の通りである。

神供供納列次（『貞観儀式』践祚大嘗祭儀）

○神祇官神部四人　　日蔭鬘《ひかげのかづら》

○神祇官一人　木綿鬘《ゆふかづら》

○神服長二人　執賢木

○神服男七十二人　酒柏ヲ執リ弓絃葉ヲ以テ白木ヲ挟ム

○神服女五十人　酒柏ヲ執ル

○神服宿禰　日蔭鬘
○繒服案　神服二人之ヲ舁ク、木綿鬘。細籠、案ニ載ス
○阿波忌部一人　木綿ヲツケタル賢木、木綿鬘
○麁服案　細籠、案ニハ四角ニ賢木ヲ立ツ
　神祇官ヨリ出テ朱雀門ヨリ加列
○国ノ前行二十人　左右各十人白杖ヲ執ル
○湯二舁　部領各二人担丁各二、比良加ニ入、黒木案
○主礼一人　左右別、諸司史生以下
○次第司一人　諸司ハ主典ヲ用フ
○標《しるし》一基　部領左右二、曳夫二十人
○行事
○国司郡司及眷族五位以上　白木杖左右
○稲実卜部一人　当色、木綿襷日蔭鬘
○造酒童女一人　細布明衣、日蔭鬘、白木輿（担夫四人）
○御稲輿一基　布袋、黒木輿担丁四人、部領二人
○稲実一人　木綿襷、日蔭

○御膳足別《あしわけ》ノ案八脚　物部女戴之、木綿襷日蔭、部領左右各四人

○御酒足別ノ案　担丁四人、部領左右一人

○主礼二人

○次第司一人

○黒酒二瓶　各一石五斗、黒木六角輿、蘿葛《ひかげのかつら》飾担丁各八人部領各二人

○白酒二瓶　右ニ同

○由加物八舁　明櫃八合、大案、担丁三十二人、部領左右各四人

○火燧《ひきり》一荷　白筥二合、呉竹台、賢木、担丁一人、部領左右各一人

○杵四枚　呉竹ノ台、木綿、賢木、担丁一人、部領左右各一人

○薪《かまぎ》十荷　黒木ノ台、蘿、賢木、担丁十人、部領左右各二人

○火台四荷　木綿賢木ニテ飾、担丁八人、部領左右各一人

○主礼二人

○次第司一人

○松明《たいまつ》四荷　黒木台、木綿賢木、担丁四人、部領左右各二

○土火炉四荷　担丁十六、別四人、部領左右各二

○槲葉《かしは》二荷　木ノ台、木綿、賢木、担丁二人、部領左右各一

○食《す》薦《ごも》並置簀一荷　各十枚、明櫃、大案担丁二、部領左右各一
○韓竈一具　明櫃、大案、担丁六、部領左右各一
○御《み》水《もひ》六匣　六角黒木輿、草木ノ葉、担丁廿四、部領左右各六
（以上供神物、賢木ヲ挿ス）
○禰宜卜部一人　当色、木綿襷、日蔭
○六位已下国司、郡司日蔭、白木ヲ杖トス
○酒盞案一脚　担丁四、部領左右各一
○黒酒十缶　黒木輿、美草、担丁廿、部領左右各五
○主礼二人
○次第司一人
○白酒十缶　黒酒ニ同シ
○飾匣十口　装黒酒ニ同シ、担丁八十人、部領左右各五
○膳部卅二人　左右分別、下皆之ニ倣フ
○倉代《くらしろ》十輿　屋形毎ニ四尺折櫃四合、肴物菓子類、黒木四角ノ屋形、松葉、鴛鴦
障子、厨子形一基美草、担丁八十人、部領左右各十人
○膳部卅二人

○倉代五輿　百人

○主礼二人

○次第司一人

○倉代五輿

○膳部卅二人

○倉代十輿

○膳部卅二人

○倉代五輿

○主礼二人

○次第司一人

○倉代五輿

○膳部卅二人

○雑魚鮨一百缶　檜木台、担丁二百、部領左右各十人

○主礼二人

○次第司一人

○肴物菓子十輿　黒木輿、櫃、担丁四十、部領左右五

○飯一百櫃　明櫃白筥形、担丁二百、部領左右各十
○主礼二人
○次第司一人
○酒一百缶　黒木筥形、美草、花、担丁二百、部領各左右十
○雑魚菜一百缶　同右
○主礼二人
○次第司一人
○後陣廿人　左右分別

この行列の諸人はいずれも何等かの執物を持っていた。執物には賢木または木綿を着けた榊があり、白杖を持つ者、白杖をついている者、青竹を手にする者、また物を頭の上に戴く婦人があり、供納の品々は草木の葉や花、日蔭の鬘などで飾り、とくに神聖な品には木綿を付した榊がつけられた。搬入の櫃や酒瓶は輿にのせて担がれた。全員徒歩であったが造酒童女だけは白木の輿に乗っていた。行列の前半は神供の品、供御の品およびその用品、後半は多米津物の行列である。多米津物とは両国からの献物で白酒黒酒、御飯、肴物、鮨、菓物等おびただしい品々で、これらは頒賜された。

標山

また行列の中に「標　一基」がみえる。標山（しるしのやま）といい、『続日本後紀』仁明天皇十年十一月十六日の辰日節会の記文によってうかがうと、豊楽院の悠紀・主基に標を立てた。標は慶山の上に梧桐を栽え、鳳凰がその上に集まって樹の中から五色の雲を起こし、雲の上に「悠紀近江」の四字を懸け、その上に日像と半月像があった。主基は慶山の上に恒春樹を栽え、樹上に五色の慶雲を泛べ、霞みがかかって霞の中に「主基備中」の四字を懸けた、ということである。また慶山の前には中国の神仙や、麒麟の作り物を置くこともあった。『日本後紀』弘仁十四年十一月三日の条によると、右大臣冬嗣の奏言によって作物に植える木には榊を用い、榊に木綿を垂れ、橘の実を飾り、その梢に悠紀・主基の文字をかかげる清楚なものに改められたが、次の仁明天皇の天長度から再び華美なものとなった。『中右記』寛治元年十一月十九日の条には、これを見ようとして人びとが群参した様子も描かれている。一条兼良の『代始和抄』によると、「標の山といふは、大嘗宮の前に両国の国司列立すへき所のしるしの木に、大きなる山を作り、さまざまの作り物を飾りて是を引き立つる事あり」とあり、祇園祭の山鉾はこの標山の発達展開したものと見られる。垂仁天皇紀に皇子

「標山」（宮内庁書陵部蔵、鷹司家旧蔵）

ホムチワケが出雲に赴いた時、出雲の国造が「青葉の山」を飾って大御食を献ったことが記されている。播磨国総社射楯兵主神社では二十年毎の三つ山や六十年毎の一つ山が飾られるが、この山が原型に近いものと思われる。

　標山は会昌門前に留どめられ、辰日節会に豊楽院前庭に立てられて、会昌門内の斎庭に入るのは神供と祭具だけであったが、『中右記』の寛治元年（一〇八七）、天仁元年（一一〇八）の大嘗会や『玉葉』による「寿永元年大嘗会記」では会昌門内の斎場に引き入れられた。標山に迎えられる神は、川出掌典は斎田の収穫の初めから祭られ、北野の斎場にも祭られて神膳調備の準備過程一切を守護される神で、御膳八神（御歳《みとし》神・高御魂《たかみむすび》神・庭高日《にはたかつひ》神・大御食《おほみけつ》神・大宮女《おほみやのめ》神・事代主《ことしろぬし》神・阿須波《あすは》神・波比伎《はひき》神）であろうとされ、筆者もかつてはそれに従ったが、後章（一〇、大嘗会の本文）に記すように、悠紀・主基両斎国から祥瑞を以て天皇の御代を称える「しるし」としたものと思われる。

列次は未刻（午後二時）以前に朱雀門下に到着、神祇官が左右に分かれ、両国の供物を率いて参入する。列次が応天・会昌門を通過するとき朝集堂の前に参集した隼人百余人が犬声を発した。会昌門には神祇官の神部が候して麻祓を修し、塩湯にて供神物を清め、悠紀・主基それぞれ膳屋に納め、繒服・麁服は両殿の神座に安置した。それより、御飯の稲の奉舂、奉炊が始まる。

まず造酒童女が稲を舂き、つぎに酒波が手をかえず且つ舂き且つ歌う。舂き終われば伴造が火を鑽り、安曇宿禰が火を吹いて御飯を炊き、神膳を供するのである。

廻立殿の儀

天皇は亥刻（午後八時）廻立殿に御され、ここで御湯を召され、祭服をお着けになる。廻立殿は大嘗宮の北に設けられ、大嘗宮と同じ広さの御殿で東西二間に仕切られ、西の部分を御所といい、東の間を御湯殿《おゆどの》と称する。東西両間とも床は竹簀を張り薦を加えただけのものである。

御湯殿は『江記』によると、御湯の槽《ふね》は東西の妻に置き、その北に白木の床子二脚

祇園祭の山

射楯兵主神社の一つ山

祇園祭の鉾

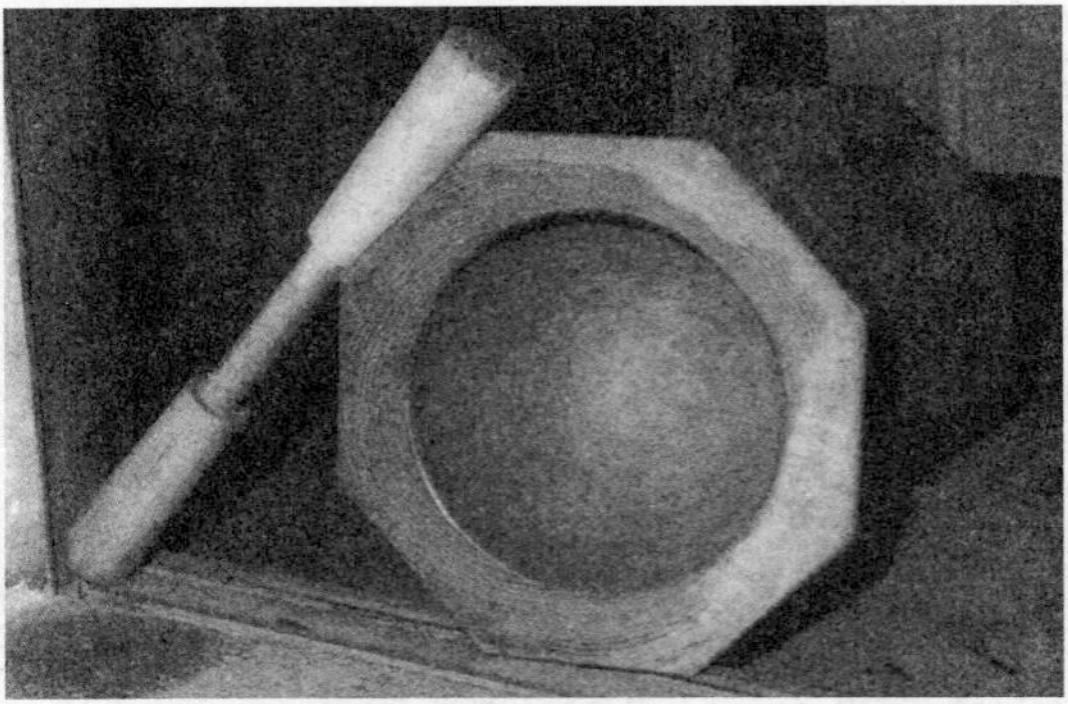

稲舂用臼と杵

を立て、内一脚の上には御帷《おんかたびら》並びに御河薬《おかうぐすり》を置く」とある。御帷とは「天《あま》の羽衣《はごろも》」ともいう。

天皇は戌刻（午後八時）内裏の南殿を発御、廻立殿西の御間に御され、次いで東の御間で御湯を召される。小忌の御湯といい、殿外から樋を御槽にかけ、流し入れる。まず御下水を入れ、次に御湯を入れること七度、主上は御帷を着されたまま、御槽に下りられ、次に御背を摩で奉ること三度、御帷を槽中に脱ぎ捨ててお上りになる。このとき他の御帷を羽織られて拭わしめられる。次にお河薬を供し、終わって西の御間にて祭服をお着けになる。お河薬とはいかなるものか窺い得ないが、湯の花のようなもので、あたかも塩を手にこすりつけて手水するのと同様、これを塗りつけ

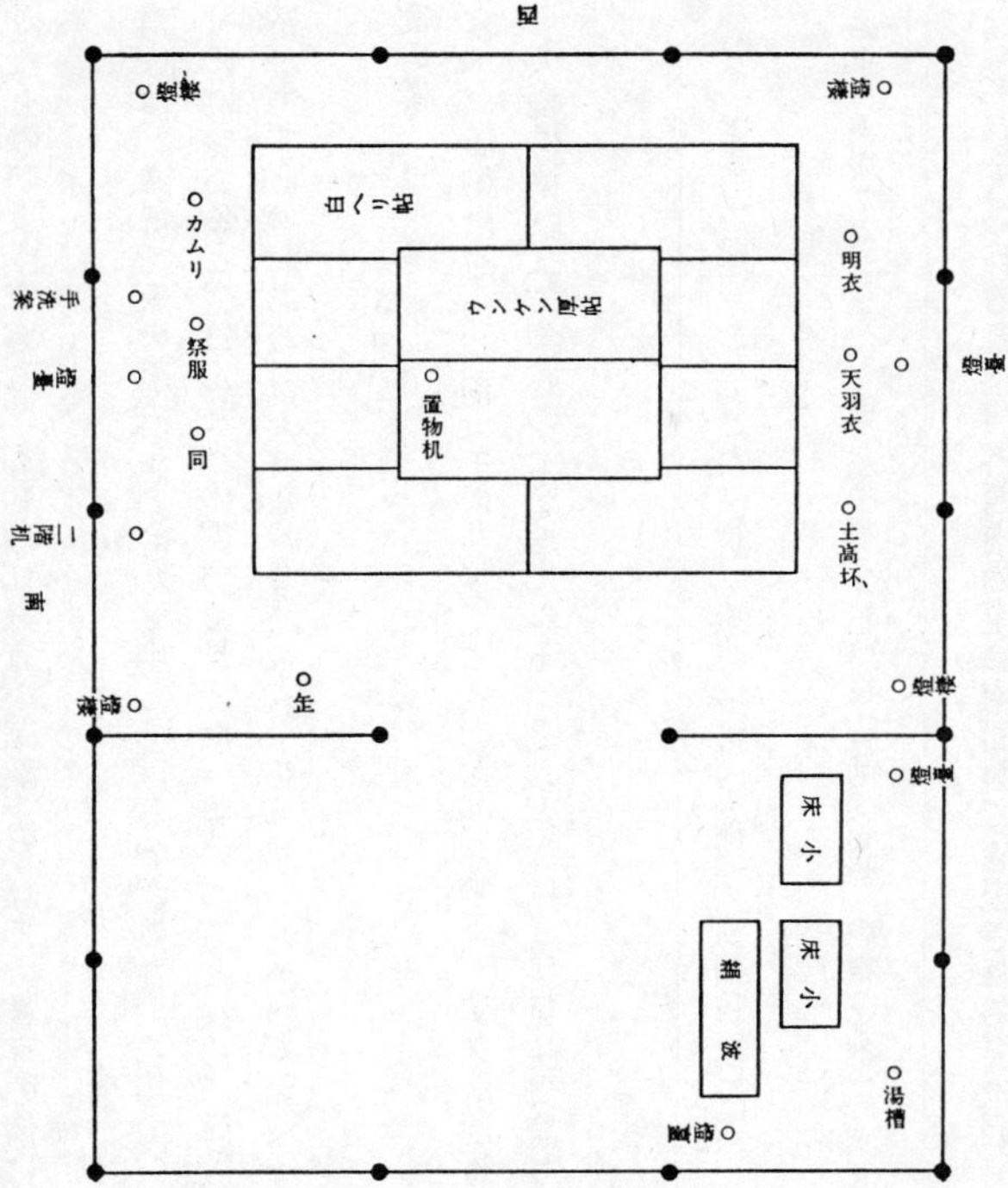

廻立殿内図（大嘗会便蒙による）

て流されたもののようである。ともあれ厳重な御潔斎を経て大嘗宮の儀に臨まれるのである。

折口信夫は、ここで天の羽衣をおぬがせ申しあげるのが処女の為事で、そして羽衣をおとりのけなさると、ほんとうの霊力を具えた、尊いお方となる。解放されて初めて、神格が生ずるのである（「大嘗祭の本義」全集、第三巻）、との説を述べている。

大嘗宮の儀

大嘗宮への渡御は戌の四刻（午後九時）中臣、忌部、御巫、猿女が前行し、大臣が御前に、天皇は徒跣にて葉薦の上を進まれる。その列次は『伏見院御記』によると左の通りである。

忌部　猿女　秉燭（主殿官人）　璽（右中将）　葉薦役（宮内少輔）　執綱（笠取）

大臣　　　　　　　　　　　　　上　執蓋（車持）　　関白

中臣　御座　秉燭（主殿官人）　劒（左中将）　葉薦役（宮内大輔）　執綱（子部）　葉薦役（掃部頭）

天皇は殿内に入られると中戸外西南の座に南面して着座される。次いで伴・佐伯の宿禰が大嘗宮の南門を開き、諸員は会昌門より参入する。その順序は次の通り。

①宮内の官人が吉野の国栖《くず》十二人、楢《なら》の笛工《ふえふき》十二人を率いて参入。

②悠紀の国司が歌人《うたびと》を率いて参入。

③伴・佐伯の宿禰、語部《かたりべ》十五人を率いて参入。

④皇太子、親王、大臣以下、六位以下、それぞれ参入する。群官の初めて入るとき隼人《はやと》は犬声を発する。

終わってそれぞれ行事を行う。

①国栖、古風《いにしえぶり》を奏すること五成。

②悠紀国の国風《くにぶり》を奏すること四成。

③語部、古詞《ふるごと》を奏す。

④隼人司、隼人等を率いて参入、風俗歌舞を奏す。

⑤皇太子以下五位以上、八開手《やひらで》の拝、次に六位以下も同じ。

大嘗宮への渡御の図（『図説・宮中行事』より）

隼人の犬声というのは、犬の遠ぼえの声である。大声、小声、細声の三節を挙げ、行進を鼓舞し威容を整えしめられたということであるが、今日の能におけるシテの登場の際、ヨー、ホーといった掛け声にその名残をとどめている。

国栖は、吉野川上流の山人で、古くより皇室と深い関係を持っていた部民である。応神天皇紀十九年の条には天皇が吉野に幸したとき国樔人が御酒を献って歌を奏したことがみえ、その注記に今も国樔が山の土毛《くにつもの》（山の菓・栗・菌・鮎等）を献る日にうたう歌としている。その国栖が古風を奏するのはそうした縁故によるもので、原初の姿を再現しているのである。

悠紀・主基の国風は、その地方独特の歌詞と歌調をもって歌ったもので、国つ神からの寿歌である。

語部の古詞というのも国々の古事を奏して国つ神からの寿詞《よごと》としたもので、『儀式』『延喜式』には語部は美濃七人、丹波二人、丹後二人、但馬七人、因幡三人、出雲四人、淡路二人が記されている。それぞれの国造よりの寿詞で、国造は古くは国魂神《くにたまのかみ》の体現者であったから、国魂神よりする寿詞とみることができる。出雲国造の神賀《かんよ》詞《ごと》などはその例であろう。

隼人の風俗歌舞も「ほぎごと」であるが、海幸山幸神話には山幸彦（彦火々出《ひこほほで》見尊《みのみこと》、皇室の祖神）と海幸彦（火照命《ほでりのみこと》、隼人の祖神）が弓矢と釣針を交換して、山

主基国風俗舞の図（『図説・宮中行事』より）

幸彦は失った釣針を求めて赴いた海の宮の海神から授かった満珠・干珠で海幸彦を辛苦させて、海幸彦は服従を誓い、大嘗祭に当たって禁衛の役のほか、犬声と俳優《わざおぎ》を奉仕することになったと伝えるのはこの起源を語っているのであるが、隼人はもっとも古層の文化の保持者であり、古層の文化を再現することによって、始源への回帰をはかったのである。

神饌行立

天皇はこの間大嘗宮の中戸外に座しておられるが、隼人の歌舞が終わると、皇太子以下が幄舎を出て庭中に出て跪いて八開手を拍って拝礼し、再び幄に着き、亥の一刻（午後九時半）いよいよ神饌行

立が始まる。

その行列次第は、

①脂燭（伴造）
②削木（采女朝臣、警蹕）
③竹杖（宮主）
④海老《えび》の鰭船《はたふね》（水取連）
⑤多志良加《たしらか》（水部）
⑥楊枝筥（典水采女）
⑦御巾子《おんたなごひ》筥（典水采女）
⑧神食薦《かみのすごも》（陪膳采女）
⑨御食薦《みすごも》（後取采女）
⑩枚手《ひらて》筥（手長采女）
⑪箸筥（手長采女）
⑫御飯《ごはん》筥（手長采女）
⑬生魚《なまもの》筥（手長采女）

⑭干魚筥《からもの》（手長采女）
⑮菓子《このみ》（手長采女）
⑯蚫　汁漬《あわびのしるづけ》（高橋朝臣）
⑰海藻《めの》汁漬（安曇宿禰）
⑱空盞《こうさん》（膳部二人）
⑲御　羹《おんあつもの》八足机（膳部二人）
⑳御酒《みき》八足案（酒部二人）
㉑御酒御《お》直会《なほらひ》八足机（酒部二人）

海老鰭船

行立に際して高橋朝臣と安曇宿禰が先後を争ったことは新嘗祭の項で記したが安曇氏の奉仕することのなくなった後も役とその名は残されたのである。行立に際しては、先頭の采女朝臣がオーシーと警蹕《けいひつ》を唱えるが、これは神膳そのものを神として扱っていることを意味する。

神饌御親供

天皇は神膳行立が始まりオーシーとの警蹕の声を聞かれて中戸をはいり御座に着御

される。そして亥刻（午後十時）いよいよ悠紀殿に於ける夕御饌の御親供が行われるのである。

御親供の模様は秘儀であるため『儀式』や『延喜式』にも記していないが、大江匡房の著になる『江家次第』や『江記（天仁大嘗会記）』に記されている。ここでは『江記』に従って概略記すと次の通りである。

先ず陪膳神食薦を取り、八重帖の上に敷く。

次に後取の采女　御食薦を取り陪膳に伝え授く、陪膳これを取り御前の八重帖の上に敷く。

次に姫一々供物を取りて陪膳に伝える、陪膳これを受けてこれを供す。

先ず平手筥を取り、食薦の上に置く。巽角

次に飯筥を取りて平手の西に置き、次に生魚筥・干魚筥を取りて平手の北に置く。

次に菓子筥を取りて生干魚の西に置く。

次に蚫《あわび》の汁の高坏を取りて魚の北に立つ。

次に海藻の汁漬を取りて蚫の西に置く。

次に御箸を取りて御飯の西に置く。

次に後取の采女空盞《こうさん》の一ノ高坏を持て参り来。陪膳これを取り蚫の北に立つ。また一ノ高坏を持て参り来。陪膳これを海松《みる》の西に立つ。後取の者　采女の列に退き坐す。

陪膳まず空盞より始めて平手筥に及ぶまで一々蓋を解き開き畢る。

次に御箸を取り御飯より始めて一々これを立つ。

次に陪膳平手を取り、天皇に奉る。天皇これを取りこれを盛りて陪膳に授く。陪膳これを承けて神食薦の上に置く。

次に後取清酒を取りて参り来、陪膳本柏を取り角《かど》を抑えてこれを請け、天皇に奉る。天皇これを取り神食の上に灑く。其の柏は便に神物の上に置く、此《かく》のごとくすること四度、度別に瓶を易う。

次に陪膳五箸を取りて御箸筥に入れ、さらに残れる一箸を、残りの御飯に立つ。

天皇称唯（唯《おお》と称う）御飯を嘗めたまうこと三箸、余味は嘗めたまはず。

次に後取御酒を陶器に盛り、持ち来たり陪膳に授く。陪膳これを取り天皇に奉る。

天皇拍手いささか低頭（粛敬なりまた称唯あるべきか）、了って飲みたまう。かくのごとく八度。

次に陪膳蓋を覆う初のごとし。

陪膳、天皇の御食薦を取り後取に授く。

次に神食薦の束の端を取り推し掩いて捧持して退出す。供する儀のごとし。

陪膳神食薦を取らむと欲し私に祈りて曰く、まず挟み給ふべきの物を後に挟み給ひ、および諸の咎ありとも神直び大直びに受け給へ。

次に御手水を供す その儀初のごとし、供し了って撤去し次第に退出す。先づ宮主、次に御手水の采女、次に陪膳、次に後取、次に大姫、次に六男、次に主水官人二人。

暁の膳を供するの儀夕に同じ。

次に廻立殿に還御。其の儀初のごとし。

右の次第の中、天皇の聞こしめすときの御模様は『江家次第』には、
天皇頗る低頭、拍手、称唯《いしょう》(唯《お》と称える)してこれを執り、飯《いい》を羞《しゅう》すること常のごとし。

とあり、すこぶる恭敬の御態度が拝される。このときがまさに「大嘗聞こしめし」て、皇祖天照大神とご一体となられる瞬間である。

こうして、子刻には一たん廻立殿に還られるが、丑刻（午前二時）には再び御湯を使い、祭服を更められて、寅刻（午前四時）主基殿に御し、朝御饌《あさみけ》が始まるのである。その次第は悠紀殿に於ける夕御饌《ゆうみけ》の儀と全く同じである。ただし悠紀の国風が主基の国風となることはいうまでもない。

辰日の節会

明けて辰日には豊楽院《ぶらくいん》に於いて節会がある。

天皇は主基殿に於ける朝御饌の儀を終えられて、卯刻いったん大極殿に還御されるが内裏へは帰られず、辰刻（午前八時）豊楽院の悠紀帳に出御される。ここで、神祇伯の中臣が天神の寿詞を読み、忌部が神璽の鏡剣を奉った。

中臣が寿詞を読むとき、榊を執って笏にそえ、または地に挿し立てた。寿詞は先にも記したように、皇孫命が、天上の稲をきこしめすときの意義を格調高い詞章で綴り、御代の長久を称えているのである。

寿詞は幸いに近衛天皇康治元年十一月十六日、辰日節会に奏されたものの全文が、

大嘗会辰日寿詞奏上の図（『図説・宮中行事』より）

左大臣頼長の日記『台記』の別記に載っていて、われわれも知ることができる。その内容は、悠紀・主基両国から神聖な上にも神聖な扱いを以て奉った新穀を、高天原の稲としてきこし召された喜びを、天神の言葉として天皇に申し上げるとしたものである。天神寿詞は中臣寿詞ともいい、これを奏するのは中臣氏の役目であった。中臣氏は天児屋根命を遠祖とし、代々神祇に仕え、鎌足以来政治に携わる者は藤原を称したが、神祇に仕えるには中臣を称したのである。

次いで、忌部氏が神璽の鏡と剣を献った。忌部氏は太玉命の裔で太玉命は天児屋根命とともに天孫降臨に際してニニギノミコトに付き従って来た神とされている。『古語拾遺』には太玉命の孫、天富命が神武天皇即位の節、天璽の鏡剣を捧持して正殿に奉安したと伝える。

先に記したように持統天皇四年正月の即位式には、中臣大嶋朝臣が天神寿詞を読み、忌部色夫知宿禰が神璽の鏡剣を奉ったが、五年十一月の大嘗祭に際しても同様のことが行われている。何故二度に亘って行われたかについては後章（九　大嘗祭と即位式）に詳述する。

次ぎに弁官が両国の献る供御の物および多米都物《ためつもの》の式目を奏上する。供御の物とは天皇の召し上がる物、多米都物とは「賜う物」とも、タメは田部で悠紀主基の田部の生産にかかる物の意であるともいう。

次いで皇太子以下群官が八開手《やひらで》の拝をして一たん退出する。川出掌典は、ここまでが大嘗祭の領分であって中臣寿詞、忌部の鏡剣、献物、多米都物の奏、この一連が古代に於ける践祚（即位）の儀の遺風であろうとされている。

それより饗宴が始まる。その際親王、大臣以下の参入には「異位重行」といって位次によって重行に列し、「練歩」という難しい故実によって参進した。饗宴の次第は『儀式』によると概略次の通りである。

異位重行の図

○（二位中納言）　○（三位参議）

○（二位中納言）　○（三位参議）

○（大臣）　○（大納言）　○（三位中納言）　○（四位参議）

○（親王）　○（大臣）　○（大納言）　○（三位中納言）　○（四位参議）

巳一刻　御膳を供す。
次に五位以上に饌を給ふ。
次に弁官、両国の多米都物を諸司に班ち給ふ。
次に悠紀、当時の鮮味を献る。
次に国司、風俗の歌人等を率いて参入、風俗歌舞を奏す。
次に所司（雅楽寮）の楽を奏す。
次に御挿頭《おんかざし》・和琴を献る。
訖て天皇清暑堂に御す。
次いで主基帳に出御

其の儀、悠紀帳に同じ
酉刻（午前六時）禄を賜ひ、訖って清暑堂に還御。

巳日の節会も群臣に饗を賜うものであった。辰刻（午前八時）悠紀帳に御され、悠紀の歌人が和舞《やまとまい》を奏し、未刻（午後二時）主基帳に御され、主基の歌人は田舞を奏した。

辰日	巳日
○悠紀帳 天神寿詞 両国多米都物色目奏 宮内省高次枚次物進献 一献　悠紀鮮味 二献　風俗 三献　挿頭花和琴進献 ○主基帳 一献　風俗 二献　風俗 三献 悠紀見参並賜禄	○悠紀帳 一献　風俗 二献　和舞 三献 ○主基帳 一献　主基鮮味、風俗 二献　田舞 三献　挿頭花和琴進献 主基見参奏並賜禄

右の最後に禄を賜うのは辰の日は悠紀の国司以下、巳の日は主基の国司以下である。また、御挿頭と和琴を献るのも、辰日には悠紀、巳日には主基とされていた。そのこ

とが、辰日節会を悠紀節会、巳日のそれを主基節会と称する所以である。両日の式次第を『江家次第』によって対照表にすると右の通りである。

豊明の節会

午日の節会は「豊明節会」と呼ばれるが、悠紀・主基の帳を撤して、中央に高御座を設け、殿前に舞台を構える。辰刻（午前八時）出御、続いて召によって群臣参入、謝座、謝酒の礼がおこなわれ、悠紀・主基両国の国司をはじめ、功績者に叙位の宣命があって、饗宴となる。このときの歌舞は、

一献の後、吉野の国栖、儀鸞門にて歌笛を奏し、入りて御贄を献る。
二献　伴・佐伯の両氏、舞人を率いて入り、久米舞を奏す。
三献　安倍の氏人　吉志舞《きしまい》を奏す。
次に悠紀・主基の両国司、歌人・歌女を率いて入り、風俗歌舞を奏する。
次に大歌、並に五節《ごせち》舞を奏す。
訖って皇太子先づ立って座後に在す。
次に小斎の親王以下五位以上、殿堂を下りて列立し、拝舞。

大嘗会巳日田舞の図（『図説・宮中行事』より）

次に大斎の親王以下又下りて共に拝舞。

次に治部、雅楽・工人を率いて立歌を奏す。

次に神服女四人、解斎《げさい》の和舞《やまとまひ》を供す。

次に神祇官の中臣・忌部及び小斎《をいみ》の侍従以下番上以上参入し、柏を以て酒を受けて飲み、訖ってこれを鬘として和舞を舞う。

訖って宣命あり、皇太子以下再拝して退出、宸儀《しんぎ》還御《かんぎよ》になり、さしもの大儀もめでたく終ることになる。

祭りの三部構成

大嘗祭は以上のように卯日の神祭りか

大嘗会豊明節会久米舞の図（『図説・宮中行事』より）

ら、辰・巳の節会、午日の豊明節会まで四日間にわたる大規模な行事から成るが、倉林正次氏はここに祭りが三部構成から成っている典型とされている。倉林氏によると、辰・巳両日の節会は、天皇が悠紀帳・主基帳にそれぞれ出御しておこなわれたように、悠紀・主基両国が中心になって開催され、いわば悠紀国・主基国でおこなう宴会に天皇がお出かけになって、御馳走を召し上り、芸能をも御覧になるという意味の節会で神祭りの後の直会としての性格をもつものであった。それに対して午日の節会は「豊明」の名に示すように、宴会を目的とするもので、ややくだけた形の饗宴である。そのときさまざまの芸能がくりひろげられるが、

いずれも一種の鎮魂舞踊である、とされている。そしてその構成は、

（卯日）神祭り――（辰日）直会――（午日）宴会

という形に還元できることになり、これはわが国の祭りの基本形式である

神祭り――直会――宴会

という三部構成となっていることを説かれるのである。

すなわち、大嘗祭の卯日祭りは、新天皇に悠紀・主基両国の国魂をたてまつる祭りであり、鎮魂を本義とするもので、神威の新鮮な活力の復活を願って斎行されるのであり、その威力の増加した神霊の分割（ミタマノフユ）にあずかるのが直会で、さらに饗宴によって寿ぎ合い、神意を確認し合うのである。

清暑堂の御神楽

巳日の節会が終ると、天皇は豊楽殿後房の清暑堂に還御になるが、ここで「神遊び（御遊）」がおこなわれた。それが清暑堂御神楽《みかぐら》で、一名琴神宴とも呼ばれた。琴歌とは『北山抄』に「倭琴を弾じ、神歌を唱ふ」とあり、神琴を弾じ、神歌を唱和しつつ、

大嘗会清暑堂御遊の図

歓楽する宴を意味する。つまり神楽歌で『古今集』巻二十に「神あそびの歌」として記載されているのがそれである。以下「ひるめのうた」「かへしもののうた」が載っている。このような清暑堂御神楽のことは、貞観の『儀式』には記されていないが、『北山抄』『江家次第』その他に記されていて、酒宴があり、管弦に合わせて「神歌」がうたわれ、そのあとで催馬楽など調子の変わった、ややくだけた津呂の歌がうたわれたことがわかる。倉林氏のいう、祭りの三部構成、①神祭り、②直会、③饗宴、の中の③の部外にあたるもので、辰巳両日節会の後で場所を改めておこなわれた催しであった。

両日の節会におこなわれたさまざまの芸能の複次的展開として、筆者はむしろ古くより宮中の内廷で行われた神楽ではないかと想像している。内容が極めて古くよりの伝統を持っているからである。この神宴の芸能が生まれたとされているが、ここで新作の和歌がうたわれ、勅撰集に入る神楽歌が創作される機会ともなった。

御神楽では、初めに和琴の笛、篳篥《ひちりき》、本拍子、末拍子の独奏のことがあってから、一同の唱和に移るのであるが、唱和の前に「阿知女《あちめ》作法」というのがおこなわれた。

阿知女作法

「阿知女作法」とは御神楽の初めに和琴、笛、篳篥、本拍子、末拍子の独奏があってから、一同唱和に移るが、唱和の前に本方が「阿知女《あちめ》、於於於於《おおおお》」と唱えれば、末方が「於介《おけ》、阿知女、於於於於」と和するものである。「阿知女」とは何かは諸説あり、阿知女は「鈿女」で、「於介」は天鈿女命が手草をとって舞った木の名であって、岩戸の前における天鈿女命の舞と、これを見て笑った神々の笑声を伝えているのだともいうが、筆者は折口信夫が安曇《あづみ》の磯良《いそら》のこととした説に従っている。安曇の磯良とは『八幡愚童訓』や『太平記』に記されている、阿曇氏の祖神であるが、神功皇后の三韓遠征に際して神々が軍議のために集まったとき、遅れて現れて、永年海底に住んでカキやヒシに取りつかれて醜い顔になっていることを恥じて、浄衣の袖で顔をかくし、青農《せいのう》（細男《さいのお》・才男）を舞ったという海の精霊のごとき性格の神である。「阿知女」とは「安曇女《あづみめ》」「阿度目《あどめ》」であり、安曇の磯良を呼び出すものであった。阿曇（安曇）氏を称する海人部は、わが氏族のもっとも古い文化の荷担者であるから、平安時代の宮廷において、民族の始源を語る神楽に、阿曇氏の祖とする海の精霊を呼び出したのである。祭祀は元来が始源の状態をくり帰すことを原則としているが、とくに大嘗祭のような、もっとも原古の形式を再現して、伝統を継承するには、このような日本の文化のもっとも古層に属するものを演じたものと考えられる。

七　大嘗祭の原像と本質

大嘗宮の祭神

大嘗祭の本質を考えるためには、卯日の神祭りの際、大嘗宮すなわち悠紀・主基両殿にどのような神が祭られていたのかを考察する必要がある。しかし、大嘗宮の祭神については古来諸説があって一定しなかった。その主な説を列記すると次のようなものがある。

①皇祖天照大神とするもの

これには一条兼良の『代始和抄』があり、

まさしく天照おほん神をおろし奉りて、天子みずから神食をすすめ申さるる事なれば、一代一度の重事これにすぐべからず。

とするものである。

②天照大神はじめ天神地祇とするもの

『後鳥羽院宸記』の建暦二年十月条に、

伊勢の五十鈴の河上に坐す天照大神、又天神地祇諸神明に白さく、

とあり、以後の大嘗祭の天皇御親告祝詞（御告文）はおおむねこのようになっていた。

③悠紀・主基それぞれ別の神を祭るとするもの

中世以来、悠紀は天神、主基は地祇とする説（卜部兼倶『唯一神道名法要集』・忌部正通『神代巻口訣』・荷田在満『大嘗会弁蒙』等）や、天照大神と天神地祇に別つもの、天神地祇と天皇に別つもの等がある。それというのも先述の「職員令」の義解に「朝は諸神の相嘗祭、夕は新穀を至尊に供す」とある注記によって生じた混乱であった。そのため、朝の諸神の相嘗を、御試しのためとし、夕の儀を天照大神へ献るものとみたり（吉見幸和『令義解講義』）、卯日の祭りを神祇の相嘗、辰日の節会を至尊の新嘗としたり（鈴木重胤）、悠紀の夕の儀を天祖、主基の暁の膳を群神（栗田寛『大日本史神祇志』）とする等である。ところが、義解の文の解釈については、三浦周行博士がこれの撰せられた平安時代は、漢文の修辞から、朝夕にわけて対句表現したまでのことであると

述べられていて、

朝に夕に、諸神の相嘗祭をおこない、新穀を至尊に供す。

と記述すべきところを漢文調の対句表現にしたのであると解される。朝を先に、夕を後に記すのも一種の慣用であって、祭儀の実際は夕が先で朝が後である。これは、毎年の新嘗祭も、神宮の由貴大御饌もすべて夕・朝の順である。また中世以来、多くの学者が説いた悠紀を天神、主基を地祇とする説も、じつは何の根拠もない憶説にすぎない。したがって、悠紀・主基別々の神をまつるとする説はいずれも妥当ではない。両殿とも同じしつらえであり、同じ式次第作法により、夕・朝の両度にわたっておこなわれるのである。両殿とも同じ神をまつるものと考えられるが、その神はいかなる神か？　ということである。

天照大神と天神地祇

右のうち②天照大神および天神地祇をまつるとする観念は、現に御親告祝詞に奏されているのであるから、そのまま肯定できるのであるが、じつはこの祝詞は後鳥羽天皇か、それより遡っても遠くない時代よりはじまったもので、もともとより奏せられていたものではない。それゆえ太古以来そうであったかどうかにはなお問題がある。しかし『令義解』に「諸神の相嘗祭」とも「天神地祇を惣祭す」ともあるのであるから、義解の撰せられた天長十年の頃には、すでに天神地祇を祭るとする観念がおこなわれていたとみなければならない。ところが問題は、大嘗宮の神座は中央に唯の一座であり、さらに東南に向って舗いた神食薦に盛り供えられる枚手の数は十枚である。これをどのように解するかが問題となるわけである。

この点に関して田中初夫氏は「悠紀主基殿の祭神は、天神地祇にはあらずして、今はその名を知る由もなくなりたる一柱或は数柱のごく少数の神々ならむと思はるるなり」と述べ、また「大嘗宮正殿の神座に御着きになる神が天照大神であり、天神地祇が大神のお随伴をしている」ともいい、天皇の聞こしめされるのは「お相伴」で「お給仕が済んでからお余りを頂戴陪食されるのである」と説かれる。しかしこれでは大嘗祭の真義は理解し難いのであって、天皇の聞こしめすのは「お相伴」でも「お余りを頂戴陪食される」のでもなく、まさに「大嘗聞こしめす」そのことが最大最重の目的であった。

くり返し述べたとおり「祝詞式」の大嘗祭には、

今年十一月中卯日に天つ御食《みけ》の長御食《ながみけ》の遠御食《とほみけ》と皇御孫命《すめみまのみこと》の大嘗《おほにへ》聞《き》こしめさむための故に、皇神等《すめかみたち》相《あい》うづのひまつりて、堅磐《かきは》に常磐《ときは》に斎《いは》ひまつり、茂《いかし》御世《みよ》に幸《さき》はへまつらむによりてし、千秋《ちあき》の五百秋《いほあき》に平《たひ》らけく安《やす》らけく聞こしめして、豊の明りに明りまさむ皇御孫命のうづの幣帛《みてぐら》を、明妙《あかるたへ》・照妙《てるたへ》・和妙《にぎたへ》・荒妙《あらたへ》に備《そな》へ奉りて、朝日の豊栄登《とよさかのぼり》に称辞竟《たたへごとを》へ奉らくを、諸《もろもろ》聞《きこ》しめせと宣《の》る。

とある。この祝詞は大嘗祭（新嘗祭）の当朝、三〇四座の神々に幣帛を奉る由縁を述べたものである。そこに「皇御孫命の大嘗聞こしめさむための故」と目的がはっきり明示されているのであった。大嘗祭の目的がそこにあったとすると義解の注記も同一の趣旨を表現しているのであって「新穀を至尊に供する」ために「諸神の相嘗祭」がおこなわれるものと解することができる。

御膳八神

ところがこれとは別に④御膳八神をまつるとする説がある。御膳八神とは、悠紀・主基両斎田の側に祭られ、また北野の斎場にも祭られて稲米の収穫から神饌調備のはじめから終りまで守護されてきた神である。八神の性格は三品彰英氏は次のように推定されている。

御《み》歳《とし》神　稲米の神。
高御魂《たかみむすび》神　ムスビの神霊。
庭高日《にはたかつひ》神　祭の庭やかまどの神格化。
大御《おほみ》食《けつ》神　神饌の神格化。
大宮女《おほみやのめ》神　新嘗の準備に奉仕する神。
事代主《ことしろぬし》神　祭典に神宣ないし呪言する神。
阿《あ》須《す》波《は》神　斎場の斎柴。
波《は》比《ひ》伎《き》神　「灰器」と解しかまどの灰の神格化。

以上の推定については、疑問もあるが、一応認められる。そしてこの八神は北野の斎場から大嘗宮に向う行列の中に曳かれる「標山」に迎えられる神であろうと推定されている。川出掌典もその説を支持されるとともに悠紀・主基両殿で御親供を献る神は、枚手の数が十枚あることと考えあわせて、天照大神と豊受大神、およびこの御膳八神とし、さらにお菓子のみは十二枚となっているところから、内外宮の荒祭宮を加えて十二神とされる。御膳八神は、神武天皇の丹生川上における天神地祇の祭祀の際、火・水・薪・草のことごとくに「イツ」の語を冠して神格を付与した上、厳瓮《いつへ》の粮《おしもの》を嘗《にひなへ》して、「顕斎《うつしいはひ》」をなされたという物語を想起することができる。この物語が大嘗祭の原初的な姿を語っていることは多くの学者の認めているところであるが、この神々が御膳八神とほぼ通じるところがあることは首肯できよう。同時に「諸神の相嘗祭」というのも、星野掌典のいわれるサバをサバの神に献る意と解するなら、皇孫命が「大嘗聞こしめす」にあたって献られるのは、斎田での収穫から神饌調進の準備過程すべてを守護された御膳八神と考えるのは自然である。したがって、十枚の枚手に盛り供えられる神は、天照大神と豊受大神、および御膳八神と考えられた川出掌典や三品彰英氏の説に従って、筆者もこの十神と、お菓子のみは十二枚になっているから御親供のとき、釆女《うねめ》が「諸の咎有りとも神直び大直びに受給へ」と白している、神直日・大直日の二神を加えて十二神とする説を発表したことがある（「大嘗祭の祭神をめぐる問題」『皇學館大学論叢』昭和五十年、昭和五十三年）。しかし近頃はこれもやはり無理な見解であることを感じている。御膳八神は、神饌の準備過程において祭ってこられた神で、大嘗宮に祭られる神とは考えられない。その点は訂正しておきたい。

平野孝国氏は、「天皇には全国の神々（神祇）をお祀りになる特別の御資格有り」という考えに立って、

天皇にあらゆる神を祀って頂く御資格をお与えする唯一の機会は、大嘗祭を除いてはありえぬものと考えている。あらゆるといっても、日本的発想におけるすべてであるから、天神・地祇という両極に挟みとることとなる。天神地祇を祀りうる御資格は、悠紀・主基両斎国の国魂を、玉体におつけすることによって、十分達成しえた性格のものと考えるのである（同氏『大嘗祭の構造』ぺりかん社）。

と述べておられるが、この「あらゆる神を祀る御資格をえられる」という表現をされているところは、後述の神武天皇が丹生川上で天神地祇の祭祀のために「顕斎」をせられたことがそれに当たる（「顕斎考」『神道学』87、拙著『日本古代祭祀の研究』所収、参照）。

ともあれ、現に「天照大神、又天神地祇」に祝詞を白されているのであるから、天照大神をはじめ、天神地祇に神膳を献るものとするのが妥当であろう。これを、「諸神の相嘗祭」（神祇令の義解）とも「皇神等相宇豆乃比奉り」（祝詞式）とも記している

が、「相嘗」という言葉で、表現されているのはどういう意味か？

相嘗

相嘗《あいなめ（あひにへ）》とは「御相伴」と解するのが通説であるが、私見は「相」とは「お互い」の意で、神と天皇との相互的な「嘗」の儀と解している。これは国語学者の西宮一民氏と筆者との間で討議を重ねた中で得た共通の見解で、天皇が皇祖天照大神より賜った新穀を聞こしめすにあたって、まず諸神に献り、天照大神より賜った新穀にこもる霊質を、諸神との共食によって相互に補強せられるものと解するのである。つまり相嘗とは、神と人と相互に「嘗」することにより、神々も天照大神の霊質をうけ、これを「嘗」する人もまた、大御神の霊質とともに相嘗の神々の霊質を以て補強するものと解するのである。かくして、天神地祇に奉られることは、神々の神性をも強化更新されるとともに、これを親らも「嘗」されて、天皇としての霊質を一層強化されるものである。

大嘗宮の祭神は、天照大神および天神地祇とも解することはできるが、それは神食薦に神膳を供薦する対象となる神々である。中央の第一の神座に坐す神は果たして誰方であるのか？ それについては、天孫降臨神話によって解することができる。三品彰英氏は天孫降臨神話には諸異伝があり、稲米収穫儀礼から大嘗祭に発達する段階に応じて祭神が変化し、それが神話では降臨を司令する神として投影していることを説かれた。

天孫降臨神話の諸異伝

『古事記』や『日本書紀』に記されているニニギノミコトが高天の原から天降ったという天孫降臨の神話には、いくつかの異伝がある（次頁の表参照）。実は天孫降臨が天照大神一神の司令によってなされたとするのは、『日本書紀』の第一の一書だけで、他は天照大神と高皇産霊尊の二神のコンビで語られたり、高皇産霊尊一神の司令であったりするのである。もっとも古い段階においては、『日向国風土記』逸文に伝えられるホノニニギノミコトが稲籾を投げ散らしながら降臨する物語に象徴される穀霊そのものを祭ったのであろう。そして次に『日本書紀』本文、および第四、第六の一書にみられるタカミムスビノミコト一神の司令でニニギノミコトが天降ったとするのは、穀霊の根源にムスビの霊徳を観念してこれを祭ったのであり、次に同第二の一書および『古事記』のタカミムスビノミコト（『古事記』では高木神という高い木に象徴された神となる）と天照大神の二神となっているのは両者併存してまつられた段階をあらわし、

天孫降臨の諸異伝（三品彰英氏による）

要素＼異伝	『日本書紀』本文	同 第六の一書	同 第四の一書	同 第二の一書	『古事記』	『日本書紀』第一の一書
降臨を司令する神	タカミムスビノ神	タカミムスビノ神	タカミムスビノ神	タカミムスビノ神とアマテラス大神	タカギノ神とアマテラス大神	アマテラス大神
降臨する神	ホノニニギノミコト	ホノニニギノミコト	ホノニニギノミコト	アメノオシホミミノミコトのちにニニギノミコトに代わる	アメノオシホミミノミコトのちにニニギノミコトに代わる	アメノオシホミミノミコトのちにニニギノミコトに代わる
降臨神の容姿	真床追衾に包まれた姿	真床追衾に包まれた姿	真床追衾に包まれた姿	虚空で出誕した	降臨間際に出誕、容姿は記載なし	降臨間際に出誕、容姿は記載なし
降臨地	日向襲高千穂峯	日向襲高千穂山添峯	日向襲高千穂槵日二上峯	日向槵日高千穂峯	日向高千穂久士布流多気	日向高千穂触峯

随伴する神々	神器の授与	統治の神勅
アマツオシヒ・アマクシツオホクメ		
アメノコヤネノミコト・フトタマノミコト・諸部神	神鏡の授与	ヒモロギ・イハサカの神勅 宝鏡の神勅 斎庭の穂の神勅
五伴緒（アメノコヤネ・フトタマ・アメノウズメ・イシコリドメ・タマノヤ）・オモヒカネ・タチカラヲ・イハトワケ・トヨウケ・サルタヒコ・アメノオシヒ・アマツクメノミコト	三種神器の授与	瑞穂ノ国統治の神勅
五部神（アメノコヤネ・フトタマ・アメノウズメ・イシコリトメ・タマノヤ）・サルタヒコ大神	三種神器の授与	統治の天壌無窮の神勅

大嘗宮の主神が天照大神とされるにいたった時点を反映しているとされる。そのもっとも完成された段階は、『日本書紀』の第一の一書に降臨を司令する神を天照大神一神としていることによって窺えるように、天照大神が大嘗宮の主神となったと考えられ、その時期はこの所伝の成立した時期とみられる天武天皇の頃であろう、というものである。

穀童と「日の御子」

このような天孫降臨神話の諸異伝は、大嘗祭ないしは新嘗祭・神嘗祭の発達の過程を現しているのであり、皇孫はニニギノミコトと称せられる穀童で、天皇は「日の御子」とも称されたことから窺われるように、穀母から出誕した穀童と「日の御子」とは融即的に観想されていたことが判明する。

例えば記紀に描かれているヒコホホデミノミコト（彦火々出見尊）の出誕物語りも、コノハナサクヤヒメ（ニニギノミコトの妃神）が腹中の子は天孫の子であることを証明するために産屋に火を放ち、火中から御子たちが生まれ、ホデリ（火照命、稲穂の赤くなる意）、ホスセリ（火須勢理命、亦の名ホススミ、稲穂の成長する意）、ホオリ（火遠理命、稲穂が実って折れたわむ意、亦の名、天津日高日子穂穂出見尊、ホホデミは稲穂の出で現れる意）と名付けられたのは、いずれも稲魂による稲穂の成長過程を意味する原義を負うている。同時にヒコ（彦）とは「日子」であり、「日の御子」を意味する。日神の霊徳によって産まれた稲穂だからである。

神武天皇は、カムヤマトイワレヒコ（神聖な大和の国の磐余の地の首長）であるがここに「ヒコ」とあるのも「日の御子」としてよい。しかも亦の名はワカミケヌノミコト（若々しい御食の神）であり、天照大神よりアメノオシホ（穂）ミミノミコト——ホ（穂）ノニニギノミコト——ヒコホホデミノミコト——ヒコナギサタケウガヤフキアエズノミコト——ワカミケヌノミコトというように、神統譜が稲穂で連続していることは、皇統が穀霊の復活新生による継承を現すものといえる。

ニイナメ儀礼にみられる穀霊祭祀を実修するのは女性であったことが『万葉集』の東歌等で窺われるが、穀母（母神）としての立場で穀童（子神）を出誕する形をとったものと思われる。ニイナメを実修する母神と子神の関係については、三品氏は穀物とくに稲の成長と太陽の運行周期とは原始農耕民の生活においては融即的に理解されたとして次のように述べられる。

稲魂を意味する「とし」は、米作周期の「年」を意味することになり、この「とし」がわれわれの遠祖の生活と祭事を周期的に規定した。稲米の成熟は「とし

（稔）」であるとともに、としたまでである穀霊はここに新しく誕生し、その若き生命力がまさに来らんとする春に向かって予祝せられる。日の光りも稲穂の稔りとともにその力が衰え、としを了えて冬至点に達すると、一陽来復再び若き新生の太陽として蘇ってくる。太陽も穀物も時を同じくして生まれたとしの子である。かくして穀物は「日の御子」として観想され、ホノニニギノミコトも稲穂を成熟せしめる霊徳をそなえる穀童であると同時に、「日継の御子」「日の御子」として神話化され、この神子の降臨は、原義的にはニイナメにおける穀童の出誕に結びつくとともに、冬至祭における若き日の御子の出現にもつながっていくことになる、というのである。

天孫降臨神話は、まさにこの新生の穀童であるニニギノミコトが、穀母である日神の霊威をうけた「日継の御子」として誕生し、豊葦原の瑞穂国の稲穂の稔りを体現した存在となることを実修する、ニイナメ儀礼の投影であるということになる。

穀霊祭祀と日神祭祀

穀霊祭祀から日神祭祀への移行の姿を歴史の上に辿るとすると、神武天皇より神功皇后に至る間の、天皇または皇子・皇女に多くヒコ・ヒメという呼称が用いられているが、これは日神祭祀の反映とみてよい。日神祭祀の祭具には鏡が用いられた。『日本書紀』には鏡を作って日の御像としたことが記されている。鏡は三世紀代の古墳から発見されており、その頃には既に日神祭祀が行われていたことは確かである。近ごろの学者の中には、日神信仰が高まったのは七世紀代以後のことで、神武天皇より神功皇后にいたる間のヒコ・ヒメの呼称は七世紀代以後の日神信仰の投影である、とする説をなすものもあるが、三世紀代には既に鏡が用いられていたのであるから、日神祭祀は行われており、その象徴的存在としての人物にヒコ（日子）・ヒメ（日女）の呼称を用いたことは疑いない。そして鏡を日神祭祀に用いたことによって、一はそれが人格を投影するに都合のよい料であったため人格神の形成を促し、一は太陽そのものを対象とするいわゆる太陽崇拝の形ではなく、太陽のもたらす光明温熱によって万物が成育するという、その恩沢を以て神格化することになった。この二点によって弥生時代以来の穀霊祭祀は日神祭祀に融即的に発展し、日神祭祀それ自体も人格神の形成を促し、祭祀儀礼は穀霊祭祀を根本的に変革する形ではなく、これを豊かにし、発展せしめる形で洗練に洗練を重ねることになった。同時に日神は太陽神的性格はむしろ希薄な穀霊の祖神として、さらに皇祖天照大神という人格神を形成することになったと考えられる。

このようにして原始的な穀霊信仰から、穀霊と融即的に理解される日神を穀母とした観念に発展し、日神はニイナメを実修する穀母神的な立場から、新しい日神天照大神という人格神の成立をみるにいたったもので、皇祖神、すなわち穀童ニニギノミコトの祖神としての天照大神出現以前の段階にあってはタカミムスビノミコトがその位置にあったわけである。

顕斎

『日本書紀』神武天皇即位前紀に、天皇が大和を平定するため吉野で難渋しておられたとき、丹生川上で天神地祇の祭祀をせられた記事があるが、そのとき「顕斎」ということが為された。それはある夜の夢に天香山の埴土を取って、それにて天の平瓮や厳瓮を造って、天神地祇を祭るならば、賊はおのずからに平げることができようとのお告げによって、使者を遣わして天香山の埴土をとり、それにて造った厳瓮をもって天神地祇の祭りをおこなわれたのである。

(神武天皇)乃ち丹生《にふ》の川上の五百箇《いほつ》の真坂樹《まさかき》を抜取《ねこじ》にして、諸神《もろかみたち》を祭《いは》ひたまふ。此より始めて厳瓮《いつへ》の置《おきもの》あり。時に道臣命《みちのおみのみこと》に勅《みことのり》すらく、「今高皇産霊尊《たかみむすびのみこと》を以て、朕親《われみづか》ら顕斎《うつしいはひ》を作《な》さむ。汝《いまし》を用《もちひ》て斎主《いはひのうし》として、授《さづ》くるに厳媛《いつひめ》の号を以てせむ。其の置《お》ける埴瓮《はにへ》を名《なづ》けて、厳瓮《いつへ》とす。又、火の名をば厳香来雷《いつのかくつち》とす。水の名をば厳《いつの》罔象女《みつはのめ》とす。粮《おしもの》の名をば厳稲魂女《いつのうかのめ》とす。薪《たきぎ》の名をば厳山雷《いつのやまつち》とす。草《くさ》の名をば厳野《いつのの》椎《づち》とす」とのたまふ。
冬十月の癸巳の朔、天皇、其の厳瓮《いつへ》の粮《おしもの》を嘗《にひなへ》したまひて、兵を勒《ととの》へて出で、先づ八十梟帥《やそたける》を国見丘《くにみのおか》に撃ちて、破《やぶ》り斬《き》りつ。

ここに見える「顕斎《うつしいはひ》」とは、顕露《あらわ》に見えない神の身を顕露に見えるようにして祭ることをいい、高皇産霊尊となる儀を行うままに、高皇産霊尊の霊が神武天皇によりついて、現に神となって顕れることとされている（日本古典文学大系「日本書紀」頭注）が、語義としてはその通りとはいうものの、それだけでは理解し難い。この記事を分析すると、

①榊を立てて神祭りがなされている。タカミムスビノミコトが高木神とされるゆえんである。

②次に厳瓮（これは天香山《あめのかぐやま》の埴土でつくった神聖な土器である）があって顕斎が成り立つこと。

③道臣命（大伴氏の祖神で男性）を斎主として、これを厳媛と称するのは、本来女性によって為されるべきものが、戦陣の非常の場合の措置というべきか。
④火・水・米・薪・草等いずれも「厳」を冠しているのは、神格を付与しているにほかならぬ。
⑤天皇はこうして神聖な上にも神聖な扱いをもってした厳瓮《いつへ》の粮《おしもの》を嘗《にひなへ》された。
⑥それによって、なんなく賊を平げることができた。

という次第である。これは神武天皇が大和を平定して、王者となるためには、顕露には見えない高皇産霊尊の霊がよりついて、現実に見える神、すなわち「現人神《あらひとがみ》」となる儀式が必要であったことを意味し、天皇が神としての霊格を得られると同時に、天神地祇をまつる資格を得られ、それによって、はじめて大和の国に君臨する資格をもたれたのである。

ここで、神武天皇は、真榊に諸神を招《お》ぎ迎えて祭りをおこなうのであるが、その場合、神を「祭る人」から、高皇産霊尊の霊がよりついた「祭られる神」に転生されたわけで、この神を「祭る人」から、「祭られる神」への転生の儀式が「顕斎」である。儀式の中心は、厳瓮の粮を「嘗」するという一点にある。それはもっとも神聖な高皇産霊尊の霊威のこもった稲魂である。肥後和男氏もかつて、この物語はニイナメの歴史にとってきわめて重要な伝承で、ニイナメの古俗が反映したものであると指摘された。少なくとも大嘗祭の原像を窺う資とすることができる。その場合、天皇は厳瓮の根を「嘗」することによって神性を獲得された。ところが、ここでは天照大神の御名はみえないで、天皇は高皇産霊尊を祭ることになっている。天照大神という人格神が形成される以前の段階を現しているといえる。

このようにして大嘗祭における悠紀・主基両殿の祭神は、天武天皇の頃からの完成された姿においては、まさに天照大神より皇孫命が「斎庭の穂」を受けられる形をそのままに天照大神であり、その際、それに先立って大御神の霊威のこもった神膳を天神地祇に奉られるのは、まさにサバをサバの神に奉られて、霊質の強化されるものということができる。

真床追衾

「斎庭の穂」は皇孫命ニニギノミコトに授けられたが、ニニギノミコトは「真床追衾」にくるまれて天降り坐したとされている。大嘗宮の中央の第一の神座、すなわち寝座にお衾を備えているのは、真床追衾であり、ここに座すのは、皇孫命である天皇

であり、天皇が皇祖の霊の憑りつくのを待たれるものと解される。折口信夫も、

大嘗祭の時の、悠紀・主基両殿の中には、ちゃんと御寝所が設けられてあって、蓐《しとね》・衾《ふすま》がある。褥《しとね》を置いて、掛布団や、枕も備えられてある。これは日の皇子となられる御方が、資格完成のために、この御寝所に引き籠って、深い御物忌をなされる場所である。実に重大な鎮魂《ミタマフリ》の行事である。ここに設けられている衾は、魂が身体に入るまで、引き籠っているための物である（「大嘗祭の本義」）。

といい、また、

日本紀の神代の巻を見ると、この布団のことを真床襲衾《マドコオフスマ》と申している。彼のにになぎの尊が天降りせられる時には、これを被っておられた。この真床襲衾《マドコオフスマ》こそ、大嘗祭の褥裳を考えるよすがともなり、皇太子《ヒツギノミコ》の物忌の生活を考えるよすがともなる。物忌みの期間中、外の日を避けるためにかぶるものが真床追衾である。これを取り除いた時に、完全な天子様となるのである（前掲論文）。

と説かれている。また坂枕は主上がここに休寝されるところに、ニニギノミコトのみたまを承けられるという意味を象徴するものと理解できるのである。

大嘗祭の本旨

要するに大嘗宮の第一の神座（寝座）は、真床追衾にくるまれて天降り坐す皇孫命を象徴するのであり、代々の天皇は皇孫命であるから、御座に坐す天皇はこの寝座より出て来られたものと想定するのである。古くは寝座と御座とが一つづきであったという事実がそれを裏づける。したがってまた御座と相対して設けられている神座に坐すのは、「斎庭《ゆにわ》の穂《いなほ》」を授けられる神であり、天孫降臨を司令した神であるから、天照大神をおいてない。天皇は、天照大御神より「斎庭の穂」を賜って、これを「嘗」して、大御神とご一体となられるのである。悠紀・主基両斎田より収穫し、神聖な上にも神聖な扱いをもってし、御膳八神の加護のもとに調理した神膳は、神膳そのものが神であり、天照大神の偉大な霊威の籠もる稲魂である。これを「嘗」することは、大御神の霊威を身に体することにほかならず、いい換えるなら、「伊勢大神宮入れ替らせ給へる御方（『源平盛衰記』）」となられる儀である、ということができる。同時にまた天皇は、皇孫命ニニギノミコトにほかならないが、ニニギノミコトは永生であるといえる。

大嘗祭は、天皇が大嘗聞こしめされるところに本旨があり、したがって、大嘗宮の御座と相対して設けられた神座に坐すのは、皇祖天照大神であり、大御神より天皇＝皇孫命は「斎庭の穂」をいただかれるのである。その際、天神地祇にも相嘗の神膳を供されるが、サバをサバの神に献られる意であり、それによって相嘗の神々の霊質をも享けて補強されるとも解される。

もし、中央の第一の神座に坐す神を求められるならば、それは皇孫命、すなわち天皇というほかはない。

すなわち、天皇は冬至の日の太陽＝日神のもっとも極まった果ての亥刻（午後十時）より、悠紀殿に御され、ここに忌み籠った上、夕御饌をきこしめして、日神＝天照大神の霊威を体せされ、子刻（十二時）には一たん廻立殿に還御になるが、暁の寅刻（午前四時）には再び主基殿に御して、さらに復活する太陽＝日神の霊の憑りつくのを待たれた上、朝御饌を聞こしめして、一陽来復、復活した太陽＝日神とともに、若々しい新生の穀童ニニギノミコトとしてこの現世に顕現されるのである。それが皇孫命とたたえられる「日継の御子」の出誕である。皇孫命は皇祖天照大神の霊威を享けて、皇祖の大神と御一体となられることにより、永生であり、「斎庭の穂」のコトヨサシをうけられたことによって、瑞穂国の稔りを体現される存在となられることを意味する。

天皇は、践祚の儀において三種の神器をお受けになって、皇位を継承されるのであるが、そのことを内外に宣言せられる儀式が即位式である。しかしそれのみでは、天皇としての御霊質を完成されたことにはならず、天照大神より「斎庭の穂」のコトヨサシを享けられて、皇祖の大御神と御一体となられる儀式が必要であった。そのために太古以来おこなわれてきたのが大嘗祭である。

大嘗祭はそれゆえに、天皇が真に天皇としての御資格をはじめて獲得される儀式であり、新嘗祭は、その年々のくり返しである。そして神宮の新嘗祭はまたその霊威の根源である天照大神の神威を更新される御儀であった。

八　大嘗祭と大神嘗祭

神宮年中の大祭

大嘗祭（新嘗祭も）は、単なる収穫感謝の祭りではなく、天皇が天照大神とご一体となられる御儀であるとするならば、神宮の神嘗祭とはどのような関係があるのか、その点をも明らかにしなければならない。神嘗祭も単に収穫を感謝する祭りとして片付けてしまうわけにはいかないのである。

現行の神嘗祭は、十月十五日午後十時、豊受大神宮（外宮）の由貴夕大御饌《ゆきのゆふべのおほみけ》、越えて十六日午前二時、由貴朝大御饌《ゆきのあしたのおほみけ》、同日正午、奉幣の儀があり、次いで十六日午後十時、皇大神宮の由貴夕大御饌、十七日午前二時、由貴朝大御饌、正午奉幣の儀がある。奉幣の儀には勅使参向あり、宮中においても天皇陛下は神宮を遥拝、併せて賢所で御親祭が行われている。

神嘗祭は、神宮年中最大最重の厳儀で六月十六・七日、十二月十六・七日の月次祭とともに三節祭又は三時祭と呼ばれ、その前夜、亥刻と丑刻に献られるのが由貴大御饌であった。

神嘗祭の古儀

神嘗祭の古儀を延暦の『皇大神宮儀式帳』・『止由気大神宮儀式帳』また『延喜式』、建久の『皇太神宮年中行事』等によって窺うと、まず由貴大御饌に於て、大御饌を供進するのは御正殿御床下の「心の御柱《しんのみはしら》」であった。「心の御柱」とは、御正殿の中心の御床下に、太古以来深秘とされている忌柱が奉建されていて、これは御正殿にまつる神鏡と同様もっとも神聖なものである。由貴大御饌はこの「心の御柱」に奉献した。しかも大神宮司は奉仕せず、大物忌《おおものいみ》が奉仕した。神宮には、天皇に代って、皇祖天照大神の御杖代となる斎王があったが、さらに斎王に代って日常大御神に近侍していたのは大物忌の童女である。神嘗祭ならびに六月・十二月の月次祭の由貴大御饌に奉仕したのはこの大物忌であった。

由貴大御饌

由貴大御饌は、祭月十五日の夜の亥刻（午後十時）および丑刻（午前二時）豊受大神宮に、十六日の亥刻および丑刻、皇大神宮に献るが、皇大神宮では内院に参入するの

皇大神御宮正殿

は、禰宜、大内人（三人）の四人と、大物《おおもの》忌《いみ》・宮守物忌《みやもりのものいみ》・地祭《とこまつり》物忌・酒作《さかとく》物忌・清《きよ》酒作《さかとく》物忌、ならびに介添役としてこれらの物忌の父の計十四人で、さらに御床下に進んで大御饌を供進するのは、大物忌と宮守物忌・地祭物忌だけであった。豊受大神宮においてもほぼ変わりない。斎王は多気の斎宮より十五日宮川のほとりの離宮院に入られ、潔斎の上、十六日午後、豊受宮に参入、太玉串を奉られて後、侍殿に候し、太神宮司以下の奉仕する奉幣諸行事が了って退出、一たん離宮院にかえられるが、十七日午時、皇大神宮に参向、同様太玉串を奉られて侍殿に候し、いっさいの行事が終わって退出される。

皇大神宮古殿地（中央が「心の御柱」の位置）

太玉串行事と天八重榊

斎王のおこなわれる太玉串の行事は、両宮とも外玉垣御門内に入り、東側の殿舎、斎王候殿の座（現在の四丈殿の位置）に就かれるが、左右に命婦がひかえ、西側には女孺の侍殿がある。太神宮司は御蘰の木綿を持って参入、命婦を経て斎王にお進めし、斎王は拍手して木綿をとり蘰にとりつけられる。ついで太神宮司は太玉串を捧持して参入、命婦はこれを受け斎王にお進めする。斎王は拍手してお受けになり、内玉垣御門内に参入、拝坐に就き、再拝両殿（四度拝）、おわって太玉串を命婦に授け、命婦はこれを受けて大物忌に授け、大物忌はこれを瑞垣御門内に立てる。おわって斎王は東殿の本座にかえり、ここに候する。

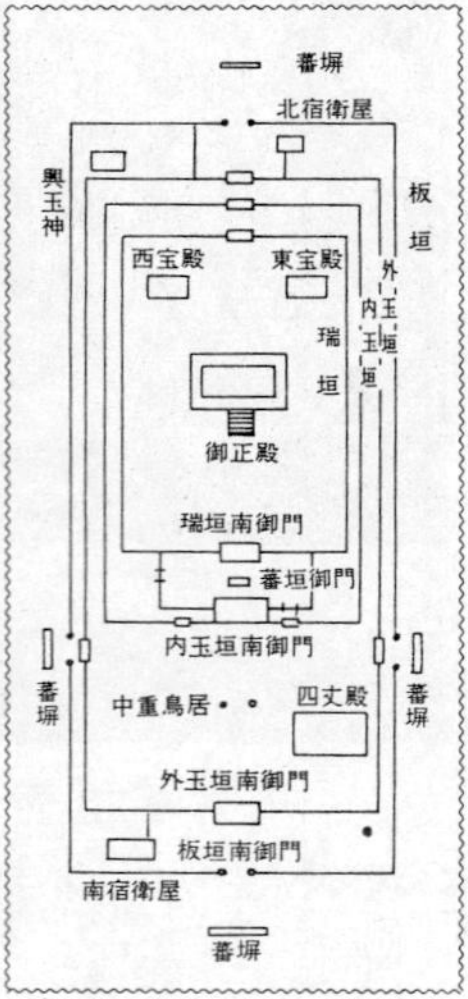

皇大神宮（内宮）
御垣内平面図

次いで太神宮司以下の奉幣行事となるが、まず太神宮司、禰宜、宇治大内人《うぢのおおうちんど》（外宮では禰宜二人）が太玉串を捧持して中重《なかのえ》の版に就き、太神宮司の祝詞の後、太玉串を内玉垣御門の前に立てる。太玉串は、太神宮司二枝、禰宜四枝、宇治大内人八枝という多数で、それも四〜五尺（一・五米前後）の大きいものであった。次いで太神宮司以下は内院に参入して開扉、幣帛と御衣《おんぞ》を御正殿に納めた上、中重に退き、ここで一斉に八度拝をおこない退出、荒祭宮に至って四度拝、幣帛・御衣を納めて再び中重に参入し倭舞等の歌舞を奏し、直会があって奉幣の儀をおわる。斎王はここではじめて禰宜・内人等に禄を賜って退出されることになる。つまり斎王は奉幣の間中、侍殿に候されたままであられるわけで、天照大神の御杖代として、文字通り、大御神の霊のよりつくのを待たれているものと拝することができる。

右の次第は豊受大神宮でも、宇治大内人にかわって禰宜が二人となるほかは皇大神宮とほぼ変りない。

皇大神宮にはさらに天八重榊と称し、第三重御門の東西に一列八枝ずつ、八重にして六十四本ずつの榊が立並んだ。したがって奉幣の儀における太神宮司の祝詞は、天八重榊が左右に立並び後に禰宜、内人の捧持する太玉串に囲まれた中で奏する格好となった。

神嘗祭と新嘗祭

神嘗祭は現在は十月十六・七日であるが古儀では九月であった。それに対して新嘗祭は十一月である。この両期の定まったゆえんは、租の納め始めの月の九月にまず神宮に献り、租の納め終る十一月に陛下が召し上るのであると説いたのは鈴木重胤である（『延喜式祝詞講義』十三之巻）。まことに卓見というべきであろう。

鈴木重胤は『延喜式』の祝詞の新年祭（月次祭も）に、

荷前《のさき》は皇大御神《すめおほみかみ》の大前に横山の如く打積み置きて、残をば平けく聞こしめさむ。

とあるのがそれであるという。「荷前」とはお初穂の最初の荷のことで、お初のものはまず皇大御神の大御前に横山のように積み上げて、天皇は最後に「残をば」聞こしめすのである。天の下の公民《おおみたから》が作りと作る稲つくりの業は天つ神のミコトモチ（ご命令）によって神のコトヨサシ（ご委任）をうけたところの天業である。それゆえ得たところの初穂、収穫は自分のものではなく神さまのものであるから、まず大御神に奉って、「残をば」いただくという精神の大切なことを示されているのであるという。すなわち、神嘗祭は、大御神のコトヨサシを承って労き励んで作った結果、このとおり収穫できましたと、初穂を大御神の大御前に献って感謝する祭りということになる。これはいい換えると、新嘗祭に天皇が「大嘗きこしめす」に先立って、まずサバをサバの神に奉られるのであるとすることができる。新嘗祭に天皇が新穀を聞こしめすについては、まずサバを皇祖天照大神に奉られたと解することができる。それが神嘗祭であった。

外宮先祭

ところが天照大神もまた、この新穀を聞こしめすにあたって、サバをサバの神に奉られる。皇大神宮にとってサバの神に相当するのは、御饌都神《みけつかみ》（神饌を掌られる神）である豊受大神宮にほかならない。ここに外宮先祭の理由がある。

従来、神宮においては、どの祭儀も内宮よりも外宮の方を先におまつりする。そのため外宮の方が内宮よりも上位であったというような俗説がおこなわれている。しかし、古社には御饌都神に相当する摂社又は末社があり、それには本社の祭典に先立って神饌を供えることは少なくない。例えば、賀茂別雷神社では摂社片山御子神社、鹿島神宮では摂社御厨神社、住吉大社では末社侍者《おもと》社、弥彦神社では飯殿神、等いずれも御饌都神に相当する神にまず神饌を献って後、本社の祭典をおこなうのである。これはやはりサバをサバの神に奉ったものと解される。したがって外宮先祭は、もともと古社における本来の形で、外宮の方が上位であったからだとする見解は成り立たないのである。

要するに、神嘗祭は天皇が「大嘗きこしめす」に先立って初穂を皇大神の大前に奉られるのであり、最後に「残をば」きこしめすのが新嘗祭であるということになるが、これを、両祭の発祥に遡って考察するとき、われわれはさらに深い意味のあることを知るのである。それはなにか？

祭る人・祭られる神・祭る神

神嘗祭と新嘗祭の関係は、先に述べた天孫降臨神話の諸異伝のうち、タカミムスビノミコト（天つ神）のミコトモチにより天照大神が皇孫ニニギノミコトにコトヨサシになったという所伝に窺うことができる。この所伝にはアメノコヤネノミコト（中臣氏の祖神）や太玉命（斎部氏の祖神）の名が見えるから、中臣氏や斎部氏が活躍した時代を反映していることを現すもので、その年代は六、七世紀の頃を下らないと察せられる。そしてさらに天照大神一神の司令によって天降ったとされる所伝となる。その年代は天武天皇の頃（六七三—六八六）であろうというものである。

先述の神武天皇の「顕斎」の記事に見られるように、天皇は高皇産霊尊を祭るに際して、道臣命をして「厳媛」という女性の名を以て斎主とせられた。このことは、神宮には天皇に代って天照大神の御杖代として斎王が派遣されていることと関係があるだろう。先述のように斎王は神嘗祭において太玉串を立てられたあと、太神宮司以下が祭祀を奉仕している間中、侍殿に候されたままである。これはもとは御正殿の位置ではなかったかと推測される。甚だ大胆な推論をいうようであるが、斎王はもと御正殿の位置において、皇祖の大御神としてのお立場（大御神の御杖代）で、大物忌らの供進する由貴大御饌をきこしめすのが本来の姿ではなかったかと考えられるのである。

『源平盛衰記』に天皇のことを「伊勢大神宮入れ代らせ給へるを御方」と表現している箇処があるが、斎王はここで、天皇に代って皇祖の大御神に「入れ替らせ給へる御方」になられるといってよい。つまり皇祖をまつる「祭る人」から「祭られる神」への転生がなされたのである。

同時に大御神としてのお立場となられた斎王は高皇産霊尊をまつる「祭る神」となられる。この「祭る人」から「祭られる神」そして「祭る神」への転生と再生という祭祀の二重構造を「顕斎」の記事の中に見出すことができる。それはそのまま、新嘗祭と神嘗祭の関係を解く鍵となる筈である。天皇は皇祖をまつられるが、皇祖天照大神にして、なお天つ神（高皇産霊神）をまつられたのである。そしてこのことが、神話においては、高皇産霊尊のミコトモチによって、天照大神が「斎庭の穂」を皇孫命にコトヨサシになったという所伝となる。

天照大神の奉祭

しかしながら、神宮においては、高皇産霊尊をまつったという痕跡は見出しがたい。それは、『日本書紀』の第一の一書にみられるように、政治神話の段階に至って、天照大御神一神の司令によって降臨がなされたという所伝となったことにうかがわれるように、天皇の権威が高まるとともに、天照大神をもって最高至貴の神とする観念によって、高皇産霊尊に対する祭祀の形式は窺い得なくなったのであろう。その時期は、大嘗祭が儀式として確立した天武天皇の頃かと察せられる。

『日本書紀』崇神天皇六年に、それまで天照大神は天皇と同床共殿にまつっていたが、豊鍬入姫命に託《かこつ》けて、倭の笠縫邑にまつったとする。これは神嘗祭と新嘗祭の最初の分化を物語るものであったろう。天孫降臨神話では、『古事記』と『日本書紀』の第二の一書にみられる高皇産霊尊と天照大神の二神の司令によって天降されたとする伝えに反映している。『古事記』によると、天照大神はアメノオシホミミノミコトという穀霊の母神であった。高木神（タカミムスビノミコト）のミコトモチにより、アメノオシホミミノミコトに降臨を司令されたが、その装束《よそほひ》をしている間にニニギノミコトの出誕があって、降臨するのはこの新生の穀童である。その母神は高木神の女、ヨロヅハタトヨアキツシヒメ（タクハタチヂヒメ）とする。内宮御正宮の相殿の神である。新生の穀童ニニギノミコトは豊葦原の瑞穂国の象徴である。天つ神のミコトモチによって、「斎庭の穂」のコトヨサシをうけた「日の御子」「日継の御子」である。祖神は日神であり、ヒルメノミコトとも呼び、天に照り輝くばかり神々しい神を意味する天照大神の御名をもってたたえられた。

霊威の根源

天孫降臨とは、年々歳々冬至の日に、「日の御子」の出誕を実修したニイナメ儀礼の投影であり、ニニギノミコトとは瑞穂国の稔りを実現すべく、天上の稲をもって天降られたお方であり、ニイナメの実修を通して、新たな日神を迎え、日神の霊威を体して、瑞穂国の稔りをもたらされる存在であった。それゆえ、新嘗祭はニニギノミコトたる天皇の霊威の更新であるが、その霊威の根源は日神で、日神の神威もまた更新がなされていなければならなかったのである。

新嘗祭（大嘗祭も）夕御饌は亥刻（午後十時）であり、朝御饌は寅刻（午前四時）であることはすでに述べた。これに対して、神嘗祭および六月・十二月の月次祭の由貴大御饌は、夕御饌は同じく亥刻であるが、朝御饌は一刻早い丑刻である。それは太陽の運行と密接な関係をもっていたと思われる。

日神の神威

新嘗祭は、本来冬至の日の日没より忌み籠って、太陽霊のよりつくのを待ち、陽の極まった果ての亥刻に、日神の霊威のこもる稲魂を体して霊性を養い、さらに忌み籠った末、暁の寅刻に再び稲魂を体して霊性を完成し、若々しい「日の御子」ニニギノミコト＝皇孫として、太陽の復活とともにこの現世に顕現することを意味することもすでに述べた。これに対して、神宮の由貴大御饌が、夕御饌は亥刻で新嘗祭と一致するが、朝御饌は一刻早い丑刻（午前二時）であるのは、天皇が霊性を更新されるに先立って、その霊威の根源である日神、すなわち天照大神の神威もまた更新がなされていなければならなかったのである。

式年遷宮

神宮では二十年毎の式年に社殿をことごとくそっくりもとのままに造り替えて宮遷しをおこなう。これを遷宮という。この神宮の式年遷宮の制は、天武天皇の思召しによって定められ、第一回の遷宮は内宮が持統天皇四年（六九〇）、外宮が同六年に斎行せられて以来、二十年毎の式年に実施されてきたが、中世戦国の世となって百二十数年にわたって中絶した。その間は破損にしたがって応急の修理をするに過ぎなかったが、これを恐れ多いこととして募財に奔走した慶光院清順上人らの努力によって永禄六年（一五六三）外宮の遷宮が百二十年目に再興され、ついで天正十三年（一五八五）内外宮の遷宮もおこなわれ、以後は二十年の式年は固く守られて明治に及んだ。明治

御杣始祭（木曽谷）

以後は国費でまかなわれたが、昭和二十四年におこなわれることになっていた第五十九回の遷宮は、敗戦によって中止となり、日本国憲法の下で宗教法人となった神宮では、昭和二十九年に国民の奉賛によって再興し、さらに第六十回の遷宮は昭和四十八年に史上初めて大宮司の責任において遂行、全国民的な奉賛によって完遂した。次回遷宮は昭和六十八年の予定であるが、すでに天皇陛下より「大宮司の責任において取りすすめるように」とのお言葉をいただいて準備を進め、その最初の祭り山口祭・木本祭・御《み》杣《そま》始《はじめ》祭といった造営のための御用材を伐り出す祭りも昭和六十年に行われ、御用材を両宮内に搬入する御木曳行事も六十一・二年の両年にわたって実施され、奉賛会の結成もみて、六十八年の遷御の儀に向って進行中である。

遷宮は、単に殿舎を建替えるだけではない。御装束・神宝のことごとくを作り替えるのである。御装束とは、御飾りの類いで、衣服や服飾品、御神座や殿内の舗設品、服飾品、遷御の儀に用いる品々を総称する。

神宝とは、神々の御用に供する調度品で、紡績具、武器・武具・馬具、楽器、文具、日常用品の類いである。これらは、平安時代の『儀式帳』の規定により、上代の文化と技術を現代に伝え、当代最高の美術工芸家によって調製されるのである。まさに生きた日本の伝統工芸である。

このようにして二十年毎に殿舎に建て替え、御装束・神宝の類いをことごとく新調して神威の新たなよみがえりをみることになるが、じつは遷宮は、建物が傷んだために建て替える、あるいは、御装束・神宝の類いが古くなったために新調するというとのために行われるのではない。じつは、二十年目ごとに行う大神嘗祭のためである。二十年一度の大神嘗祭を斎行するために、殿舎の建て替えをはじめ、御装束・神宝のことごとくを新調するのである。

伊勢大神宮遷御の図（一勇斎国芳画）

大神嘗祭

遷宮が二十年をもって式年と定められているのはなぜかは、種々の説はあるが、その理由はわからないというのが本当であろう。しかし二十年という年数は、建築の上からも、また技術者の世代の交替の上からも極めて適切な年数であることは確かである。これを二十五年、あるいは三十年とすればどこかに無理を生じることも間違いはない。二十年の式年が定められた理由は、わからないといってよいが、この式年が定められる以前はどうなっていたか。私見は、もとは御代がわりに際しておこなわれる大神嘗祭であったのではないかと思っている。それは、神嘗祭と新嘗祭が一連の祭儀としておこなわれていたとするなら、御一代初の新嘗祭を大嘗祭として一段と厳重におこなわれたように、神嘗祭も御代がわりの初めには一段と盛大におこなわれた筈であると考えるからである。

持統天皇四年の第一回の遷宮は、内宮が御即位の年で、翌年の五年十一月大嘗祭がおこなわれ、さらにその翌年の六年に外宮の遷宮がおこなわれた。これは偶然ではなく、むしろそれが本来の姿ではなかったかと思うのである。

少なくとも、新嘗祭が天皇の霊威の更新、神嘗祭は皇祖の大御神の神威の更新であり、大嘗祭が、御即位初の新嘗祭で、天皇がはじめて皇祖の大御神と御一体となられる御儀であるからには、その御霊威の根源である皇祖の大御神の神威も、一段と厳粛にそのよみがえりを仰ぐべきものとされたに違いない。ただし、殿舎の建替えをはじめ、御装束・神宝のことごとくの作り替えを行うためには一定の年数を定めることが必要なために、二十年をもって式年と定められたのではないか。これはわたしの想像であるが、決して根拠のないものではない。

天武天皇の思召しによって定められた二十年一度の式年遷宮の制であるが、天武天皇の即位は六七三年、そして第一回の遷宮が持統天皇四年（六九〇）であるから、その間は十七年である。それ以前は、二十年という式年が定められていなかったということは、御代がわりに際しておこなわれた大神嘗祭とみられるのである。

遷宮と大嘗祭

してみると神宮の遷宮は、二十年一度の大神嘗祭であり、大神嘗祭はまさに皇祖の大御神の神威の新たな甦りを仰ぐ最大最重の厳儀である。それは、宮中における大嘗祭に相当する大儀であるといえる。

むかしから伊勢の遷宮を「皇家第一の重事、神宮無双の大営」(『遷宮例文』)といわれてきたゆえんがここにあるわけである。神宮では遷宮を二十年毎にくり返すことによって、御正殿をはじめ、すべてが新しく甦り、御神威の新たな輝きを拝するとともに、それらがもっとも古い原初の姿を保っているところに、日本の《いのち》の永遠を想うのである。

遷宮は、祖型を反復することによって常に初心に還り、民族の始源に想いを馳せつつ、心新たに明日への希望と活力の源泉となるものである。もっとも古い伝統を保持しながら、しかももっとも清新な生命の再生をはかるものとして、くり返されてきた民族のいとなみである。そしてそれは、始源においては、大嘗祭と表裏一体の相対応する大儀であったとするならば、そこに皇孫命、すなわち天皇の霊威の根源として皇祖天照大神の神威の甦りを仰ぐことは、日本の永遠を約束することにほかならないと云える。

九　大嘗祭と即位式

二度奏上された天神寿詞

先述のように、持統天皇の即位式は、天武天皇の崩御の後、三年有余の称制期間を置いて、四年正月に行われたのであるが、元旦に物部が大盾を立て、中臣が天神寿詞を読み、忌部が神璽の鏡剣を奉った。二日には公卿百寮の拝賀があり、三日は豊明の節会がもたれた。そして翌五年十一月大嘗祭が行われて、このとき中臣は再び天神寿詞を読んだ。すなわち天神寿詞は二度に亙って重ねて読まれたことになる。

令制では「神祇令」に

凡そ践祚の日、中臣天神寿詞を奏し、忌部神璽の鏡剣を上る。

とあり、天神寿詞奏上と神璽の鏡剣の献上は即位式のもっとも中心的な行事であったことが判る。『令義解』には「天皇即位、之を践祚といふ」とあり、令制の完成は大宝令と見られるが、持統天皇の即位は大宝令以前のことであるから、この践祚の規定も天武天皇の浄御原令にあったものとみられる。しかも先に記したように古く神武天皇以来歴代天皇の即位式は、古い時代ほど正月に行われるのが通例となっていた（巻末年表参照）。

正月即位

神武天皇の橿原宮における即位は辛酉年春正月朔で、この日を明治になって太陽暦に換算したのが二月十一日であった。時代を遡るほど正月即位の事例が多く、その儀式も、壇に昇るという形で行われたのである。そうした点から岡田精司氏は、天孫降臨神話が即位式を反映しているとするならば、高千穂の峰に降臨したという高千穂の峰に当たるものは、大嘗宮には見当たらず、むしろ高御座に当たる壇がそれで、昇壇による即位式が本来の形であり、大嘗祭は即位儀礼とは関係のない単なる稲の収穫祭であったとされる。果たしてそうであろうか。大嘗祭の式次第を子細に分析すると、決してそうではなく、やはり太古以来の固有の即位式は大嘗祭であったことが判明する。

たしかに『日本書紀』によると、古くは正月即位の事例が多いが、暦が我が国にもたらされたのは百済《くだら》の僧観勒《かんろく》によって推古天皇十年（六〇二）のことであった。この暦の知識によって、正月即位の形が恒例化するとともに、それ以前の天皇にも当てはめて、神武天皇の橿原宮に到達したとみることができる。このことは井上光貞氏や倉林正次氏の指摘するところで、倉林氏は「推古朝を遡る時代に見られる各天皇の正月即位という設定は、飛鳥朝に形成されたその即位観に基づいて、逆に投影的に形作られた」とされている。それに対して大嘗祭は、少なくともその原型は正月即位にかかわりなく、飛鳥朝以前から存在した。

大嘗祭の儀礼次第

大嘗祭の儀礼次第は、卯日に神祭りがあり、翌辰日に天神寿詞奏上と神璽の鏡剣献上があった。つまり卯日の夜の神祭りの後、辰日に即位式が行われ、その後、節会が開かれたのである。すなわち大嘗祭は

卯日　神祭り
辰日　即位式
午日　節会

という位相関係で行われるが、倉林氏は、これは大変理に適った次第であるとして次のように説かれる。

辰日の儀と正月即位

記紀には天孫降臨神話に先立って、天の岩戸隠れの神話が描かれているが、これは鎮魂祭の本縁を語るものであった。古くは卯日の神祭りは鎮魂祭として行われたもので、大嘗宮に忌み籠りの状態で神祭りを行い（これを倉林氏は原大嘗祭と称している）、そのとき天孫が真床追衾に包まれて天降ったという伝承が見られたが、辰日にはその状態から解放されて群臣の前に姿を現す。この忌み籠りの状態をおわって解放されることを古語ではハルといい、ハレの状態となって、そこで行われるのが新天皇の即位式である。天皇有資格者は大嘗宮の神祭りを行うことによって新天皇として誕生することができ、群臣の前に姿を現される。つまりハレの儀を行われる。それが辰日の儀である。この辰日の儀は正月即位という観念が現れて、卯日の神祭りから分離する形で暦日的に独立した即位儀礼となり、正月に位置することになったのである。すなわち元来は

大嘗祭――即位

という位相関係にあったものが、七世紀の推古天皇朝に正月即位という形が現れて、前後関係が転換され

即位――大嘗祭

という関係が形作られた、というのである。

大嘗祭――即位

という位相関係はフユゴモリ（冬籠り）からハル（春）になるという、日本人の本来の季節構造に順応した儀礼であった。ところが正月即位の形が現れた推古天皇朝以後の時代になって、中国の王制を規範として大陸の様式にならったのである。

封禅の祭りと壇上即位

中国には封禅《ほうぜん》という祭りがあった。天命を受けて王者となった者は、泰山に行って、天を祭り、地を祭る礼を行った。これは『史記』封禅書に

泰山上に土を築いて壇と為し、以て天を祭り、天の功に報ゆ。故に封と曰ふ。泰山の下、小山の上、地を除いて、地の功に報ゆ。故に禅といふ。

とあり、この封禅を行うことによって王であることを天下万民から承認されたのである。皇帝が自ら名乗っても、この封禅を行うことが出来なければ、天命を受けた王者として万民から認められるわけには行かなかったのである。この封禅の思想が生まれたのは秦漢の時代であったが、我が国の即位式に取り入れられたのはいつ頃からか。私見は中国の皇帝に対し、天皇という呼称が用いられた頃からであろうと考えている。つまり推古天皇の頃からということになる

『日本書紀』では雄略天皇のときが壇上即位の記事の初見であるが、その頃は未だ天皇のことを「大王」と称していたのであるから、これも推古天皇以後における天皇観により投影したものとみられる。したがって本来の我が国の即位儀礼はやはり大嘗祭であったとみられる。それは忌み籠り（フユゴモリ）において、日神＝皇祖のミタマをうけ（ミタマノフユ）、明けてハレの状態となって群臣の前に現れるというものであった（倉林正次「祭りから儀礼への展開――新嘗祭と朝賀の誕生」『儀礼文化』八、参照）。

冬至の祭り

筆者はかねて大嘗祭のもととなった古いニイナメ儀礼は、冬至の日であったと思っていたが、その裏付けとなる資料を見出して、次のような見解に到達した。

冬至については『荊楚歳時記』に、

冬至の日、日の影を量り、赤豆粥を作りて以て疫を禳う。

とあり、今日のわが国でも、この日ぜんざいを食して厄を払う風習のある根源をしめしているが、『四民月令』は、

十一月、冬至の日、黍・羊を薦《すす》む。先ず玄冥（水又は雨の神）に井に于て薦め、以て祖禰《そでい》に及ぶ。斉《ものいみ》し饌《そな》え掃滌すること、黍・豚を薦めしときの如し。其れ酒を尊長に進め、及び刺を修《おさ》め君・師・耆老に謁賀すること正月のときの如し。

と伝えている。祖禰とは、廟に祭った父祖のみたまであり、これに「斉し饌え掃滌す

る」を『礼記』月令は

この月や、日短至る。陰陽争ひ、諸生蕩《うご》く。君子斉戒して、処るときは必ず身を掩ひ、身寧からんことを欲す。声色を去り、耆欲を禁じ、形性を安んず。事は静かならんことを欲し、以て陰陽の定まる所を待つ。

とも記している。「日短」は冬至のことであり、「諸生」は万物の生機、「形性」は身体と精神をいい、この日は門を閉ざして斉《ものいみ》したのである。ところが『四民月令』は、「正月のときの如し」と冬至が正月と通い合うものと意識されていたことを示している。陰陽未だ不分明の冬至が物象の標準の起点であったのであり、太陽の運行の出発点として把握されていたことが判明する。しかも『史記』暦書には、

夏の正は正月を以てし、殷の正は十二月を以てし、周の正は十一月を以てす。

とあって、周では十一月を年の始めとしていて、また武帝太初元年より朔旦冬至の暦が定められていた。事実、『史記』封禅書によると、武帝は朔旦冬至の日に郊祀を行

い、幾度となく封禅の祭りを行っているのである。

冬至を朔旦とするならば、漢の暦では、朔旦立春となり、両者は重なることとなる。立春と冬至の祭りを重ねて考えて当然である。わが国では冬至の日の大嘗祭から、正月（立春）即位に移行したのは自然の成り行きであったと同時に、古くニイナメ儀礼による即位儀は、冬至の日であったことは疑いないことになる。

卯日の神祭りと辰日の儀

さらに卯は万物の始まりであり、卯日と冬至と一致したのが持統天皇五年十一月辛卯（二十四日）で、この日をもって大嘗祭をおこない、これによって令制では十一月下卯日（卯日三度あるときは中卯）をもって定日としたのであろう。まさに冬至の夜の陽の極まった果てに忌み籠りをして、陽のミタマを体して一陽来復、明けて辰日の朝、「日継の御子」としてこの現世に顕現され、そこで天神の寿詞奏上、神璽の鏡剣献上があることになる。天神寿詞奏上と神璽献上は持統天皇の正月の即位式で行われたが、大嘗祭辰日にも節会に先立って重ねて行われた。実は大嘗祭卯日（冬至）の夜の神祭りから明けて辰日のハレの儀が本来の即位式で、その辰日の儀が正月即位に移されたと見られるのである。

持統天皇の即位式では元旦の儀に続いて、翌二日も拝朝の儀があった。

乙卯（二日）公卿百寮、拝朝、元会の儀のごとし。

とあり、後の元日朝賀の儀と同様のことが行われたことが判明する。元日の日本風の即位式にたいして、二日は中国風の即位式といわれるように、この方は壇上即位の様式が用いられた。このとき拝朝が行われたのであるが、これも本来は辰日の八開手の拝による固有儀礼の展開した形として中国伝来の礼式によって整頓されたものとみられる。その基盤は固有のミカドオガミにあり、具体的には大嘗祭辰日の拝礼を基礎とするものであった。それが即位式と朝賀に発展展開したというのである。

辰日節会と元正朝賀

即位儀礼の発生的基盤は大嘗祭辰日節会にあり、元正の朝賀もまたその基礎は辰日節会にあり、辰日行事部分が発展して即位式となり、朝賀式となった。そしてこの両儀礼の発展の過渡的様態として正月即位という姿が存するのである。文武天皇朝を境に正月即位は原則として失われるが、その形態内容は元正朝賀の儀に継承維持されることになる。倉林氏は我が国即位の形は飛鳥朝正月即位として現れたが、元正のミカドオガミが暦制上に位置付けられ年頭儀礼として誕生するのは、それ以前にあっては大嘗祭に於ける辰日のハレの儀として行われていたものとされるのである。私見はそれが冬至一陽来復の朝であったと考える。冬至の夜の忌み籠りから明けた春のハレ（晴）の儀として行われたのであろう。暦の伝えられるとともに、元正の儀礼となるのは極めて自然な成り行きであったと思う。

大嘗祭の構成次第を、祭りの基本形式に対応させると、

卯日の神祭り——神祭り
辰巳両日節会——直会
午日豊明節会——宴会

となり、これは日本の祭りの基本形式である三部構成の形をそのまま踏んでいるというのが倉林氏の説であるが、筆者も基本的には同意する。

奈良時代の大嘗祭期日

奈良時代の大嘗祭の期日は『続日本紀』によると、次のように記されている。

元明天皇　和銅元年（七〇八）己卯（二十一日）大嘗。辛巳（二十三日）宴。
元正天皇　霊亀二年（七一六）辛卯（十九日）大嘗。
聖武天皇　神亀二年（七二四）己卯（二十三日）大嘗。辛巳（二十五日）宴。
孝謙天皇　天平勝宝元年（七四九）乙卯（二十五日）大嘗。丁巳（二十七日）宴。
淳仁天皇　天平宝字二年（七五八）辛卯（二十三日）大嘗。癸巳（二十五日）宴。
称徳天皇　天平神護元年（七六五）癸酉（十六日）大嘗。庚辰（二十三日）宴。
光仁天皇　宝亀二年（七七一）癸卯（二十一日）大嘗。乙巳（二十三日）宴。
桓武天皇　天応元年（七八一）丁卯（十三日）大嘗。乙巳（十五日）宴。

右の記事中、「宴」とあるのは豊明節会で、称徳天皇のときを除いて原則としては中一日をおいた巳日に行われている。辰日の天神寿詞奏上と神璽の献上のことは記されていないが、中一日おいて巳日に宴がおこなわれたのは、辰日に古来の伝統に従って天神寿詞奏上、神璽の鏡剣献上があったものと察せられる。そして平安時代に入ると『日本後紀』によれば、

平城天皇　大同三年（八〇八）辛卯（十四日）大嘗。壬辰（十五日）宴。癸巳（十六日）宴。

嵯峨天皇　弘仁元年（八一〇）乙卯（十九日）大嘗。戊午（二十二日）。

となり、貞観の『儀式』に記されているような午日の豊明節会は嵯峨天皇のときからである。これは大嘗祭の規模の次第に拡大するとともに、辰日は天神寿詞奏上に続いて悠紀節会、巳日に主基節会、そして午日豊明節会となったであろう。このような節会の部分は「大嘗会」と称する。

平安時代の大嘗会

大嘗会においては、悠紀・主基両斎国から和歌が詠進された。それを大嘗会和歌といい、天長十年（八三三）度の仁明天皇の大嘗会から始まっていることが『八雲未抄』に記されていて、仁明・清和・陽成・光孝天皇のときの大嘗会和歌は『古今集』に入集《につしゆう》している。また悠紀帳・主基帳の高御座の東西に御屏風《おん》を立て廻らせ、そこに絵を画き、宝祚の永遠、御代の平安・豊栄を祈る和歌と対応して自然的人的景物を以て表現した。和歌と絵画を以て天子の理想を表現し御代の長久・平安を称えたのである。

さらに標山《しるしやま》、御挿頭《おんかざし》、洲浜《すはま》といった創作物によって祥瑞を以て理想の世界を表現し、祝福の意を現した。それにはそれぞれ典拠となる漢籍があり、それを本文（ほんもん）と称したが、いずれも天子の仁政による平和の世界を表現し、国民の希望と期待を込めて祝福したのである（詳細は後章に詳述）。それにも封禅の思想が取り入れられた。先述のように推古天皇の頃から封禅の思想によって壇に昇るという即位式が大嘗祭とは別に行われることになったが、大嘗祭そのものにも封禅の思想は取り入れられて潤色されることになった。それが大嘗会である。大嘗会はそうした総合的な文化の源泉として展開していくことになる。しかも尚且つ核心をなした卯日の神祭り、すなわち悠紀・主基両斎殿における儀と辰日の天神寿詞奏上、神璽の鏡剣献上の儀は太古以来の伝統的な即位儀礼に変わりはなかった。

固有の即位儀礼

古代天皇の即位儀礼は、神器の授受と昇壇の儀があり、さらに大嘗祭が行われて、それらが後の践祚と即位式となったことが判明したが、神器の授受は、本来辰日の天神寿詞奏上に続いて行われた儀であり、即位式の拝朝も辰日の節会にあったことも判明した。持統天皇の即位式は第一日の元旦にこの日本流の即位式が行われ、第二日に中国流の拝朝が行われた。神武天皇以来の正月即位は推古天皇朝に暦がもたらされて以後の即位観によって逆に投影的に形作られたものであること、また昇壇による即位式も中国の封禅思想の影響をうけて成立したもので、『日本書紀』に記されているのは、雄略天皇のとき以後であるが、これも恐らく推古天皇朝の頃以後の儀礼の投影であろう。それに対して我が国固有の即位儀礼は、稲魂を食して日神の霊威を体現する形のニイナメ儀礼が本来のものであって、それが王朝時代の儀式書に見られるような姿に完成するのは、おそらく天武天皇のときとみられる。しかし原型は速く稲作の開始された初期の頃から始まり、発達に発達を重ねて儀礼として成立したのであって、その過程は神話に窺うことができる。天武・持統天皇朝以後の大嘗祭は、天孫降臨神話では『日本書紀』の第一の一書に窺われるように、天照大神一神の司令によって皇孫命が降臨されたという所伝に対応して、大嘗宮の主神は天照大神一神と解されることは、先に述べた通りであるが、それ以前の段階、すなわち大化前代ではタカミムスビノミコトと天照大神のコンビで語られ、それは新嘗祭（大嘗祭）と神嘗祭が一体の形で行われたのであり、さらに遡ればタカミムスビノミコト一神の司令で天孫降臨が為されたとするのは、ムスビの霊徳をもって天皇の霊威の根源と見たのであろう。その事実を示すのが神武天皇の顕斎の記事である。もちろん神武天皇の大嘗祭がこの通り行われたというのではなく、新嘗の古俗が伝えられていて、それによって大嘗祭の原姿が描かれたものとみてよい。少なくともこのような形での即位儀礼がもっとも古い形式であったことは間違いない。それは我が民族が、弥生時代以来稲の豊かな実りを希求すること切なるものがあって、天上の稲を地上に実現することが理想だったからである。

王は豊饒を約束する

穀霊の体現者を以て王として古代祭政を行ったのは我が国だけではなかった。新羅の始祖王閼智や、東南アジアの諸族、稲作農耕民族の王はいずれも穀霊の化身とされ、王と穀霊と祖霊とは融即的な関係にあった。そのことはギリシャ神話に於いても、死と再生の神ペルセポネが穀霊の神格化された姿であるということにもみられる（フレーザー『金枝篇』）。「王は豊饒を約束する」というのがフレーザーの説であった。豊饒を得るための祭政の責任者が穀霊を体現した王であった。そのような穀霊の体現者としての王となるための儀礼は農耕民族にひろく行われたが、世界の諸民族ではすでに失われたか、あるいは未開社会の習俗にその片鱗を遺しているにすぎないのであるが、我が国に於いては時代とともに発達し、洗練に洗練を重ねて国家儀礼となり、それが今日まで伝承されているのである。

八十嶋祭

ちなみに、大嘗祭の前年または次年に、八十嶋祭《やそしままつり》という祭儀が難波の浜で行われた。八十嶋祭については、大八洲の霊を天皇に付着して国土恢弘を祈請するものであるとする説、大嘗祭に伴う天皇禊祓の儀であるとする説、又陰陽道による儀式であるとする説等があったが、岡田精司氏はこれを河内平野と大阪湾を基盤に発展した五世紀代の倭の五王の世紀に難波津に向かって精霊を招迎する形の「原」八十嶋祭があって、それが王位就任儀礼として行われていた残影であるとされている。果たしてそうであろうか。

八十嶋祭の初見は、『文徳天皇実録』嘉祥三年（八五〇）九月壬午（八日）の条で、このときは大嘗祭の前年であったが、その後は、清和・陽成・光孝・宇多・醍醐・朱雀・村上・冷泉の各天皇大嘗祭の次年に行われた。『延喜式』には「八十嶋祭」および「東宮八十嶋祭」の幣帛の料を掲げていて、この祭りに預かる神として、

住吉神　　四座
大依羅神《おほよさみ》　四座
海神《わたつみ》　　二座
垂水神《たるみ》　　二座
住道神《すむぢ》　　二座

をあげている。この神々は摂津の住吉大社とその関係の神々であり、その祭りに預かったのも住吉神主以下これらの社の祝であった。

祭儀の次第は、『江家次第』によると、まず宮主《みやじ》が禁裏に参入して御麻を献じ、主上はこれに対して「一撫一息」の後、返させられ、また内蔵官人が参入して女官より御衣の筥をいただいて八足の案に納め、これを奉じて御巫《みかんなぎ》・生島巫《いくしまのみかんなぎ》・御琴弾《みことひき》らの一行は難波の浜に向かい、難波の浜では琴を弾じている間に、女官が主上の御衣の筥を開いて振り（中宮・東宮もこれに準じる）、さらに宮主が禊を修するというもので、禊が終われば祭物は海に投げ、帰京の途につくが、後代には江口の遊女が参入するという俗事も混じることとなった。

御衣の筥を振るというのは、鎮魂祭の様子と似ていることは岡田氏も指摘しているが、これを「新帝に大八洲の霊を付着せしめ、全国土の支配者としての資格を呪術的に保証しようとしたもの」とされるのは、些か飛躍した発想である。それは八十嶋祭が天皇だけではなく、中宮も東宮も共に行われているのであるから、天皇霊の付着と言われる岡田氏の説は失当と言わざるを得ない。御衣の筥を振る点は鎮魂祭との共通点が認められるが、御麻を「一撫一息」の上、返させられ宮主が禊を修するのであるから、明らかに禊祓の儀である。そのことは田中卓氏が夙に指摘されていて藤原相如の歌集「相如集」の題詞に

はらへのつかひに難波にゆきて、もどりといふうかれめにつきて

とみえ、顕昭の『袖中抄』にも

それも嶋々にてはらへすべきを、住吉の浜のこなたにて、西の海にむかひて、もろもろの嶋じま神をまつるといへり。

とあり、『新後撰和歌集』には、この祭りに奉仕した住吉神主津守経国の「後鳥羽院御時八十嶋祭にてよみ侍る」との詞書を付して、

天が下のどけかるべし難波がた田蓑の嶋みそぎしつれば

とあること等をあげて、禊祓の儀であるとされている。

それにしては、大嘗祭の前年であったのは文徳天皇のときだけで、その後はすべて次年に行われているのであるから、大嘗祭のための禊祓とするには多分に疑問が残る。私見では、それは解斎(斎戒の状態から解き放たれるための儀礼)のために行われたものと思う。

禊祓は、通常祭儀に先立って心身の清浄を期するために行うと考えられているがそればかりではない。斎戒の状態から完全に解き放たれて日常の状態に復するためにも禊祓が行われた。後祓ともいう。八十嶋祭は、厳重な斎戒の上に行われた大嘗祭のすべてが済んだ翌年、復常の儀礼として行われたのであろう。つまり大嘗祭のための物忌みの状態から解き放たれて、平常に復するための祓である。だからこそすべてが終わっての帰京に際して、江口の遊女の参入が有り得たのである。

八十嶋祭に鎮魂祭の要素がみられるとしても、実は鎮魂と禊祓とは表裏一体のもので、この場合は復常のためにまず鎮魂の作法がなければならなかった。ただ、史上初見の文徳天皇のときが前年である点、疑問は残るが、大嘗祭の前には御禊があり、鎮魂祭もあるところから、後に回されて解斎の儀として行われることになったのであろう。したがってこれを難波王朝の即位儀礼とする岡田氏の説は憶説に過ぎないと言わざるを得ない。

一〇　大嘗会の本文

本文とはなに？

関白一条兼良が著した『御代始抄』（『代始和抄』ともいう。文明十年、宗祇の求めに応じて著した）に、

標山《ヘウザン》といふのは大嘗宮《ダイジヤウキユウ》のまへに両国の国司列立《レツリウ》すへき所《トコロ》のしるしの木《キ》に大《オホキ》なる山をつくりさま〳〵の作物《ツクリモノ》を餝《カザリ》て是を引立る事あり。此作物《ツクリモノ》は本文《ホンモン》の心を用《モチ》ゆ。又挿頭《カザシ》の台《ダイ》、御《ヲ》屏風《ビヤウブ》以下の本文をは大学頭文章博士《ダイガクノカミモンジヤウバカセ》などかんがへ申すことなり。

とある。悠紀・主基の両斎国から献進される標山・御屏風《おんびょうぶ》・御挿頭《おんかざし》・洲《す》浜《はま》が、文章博士・大学頭等の儒学者によって勘申された本文《ほんもん》に基づいて作られた、ということである。ここにいう本文とは、漢籍中の特定の文章のことである。これを儒者が撰び出し、それに基づいて標山他が作られ、五尺御屏風の画が描かれた。

以下にこのそれぞれを、実例と共に見ることにしよう。

標山と本文

斎国の人々が列立する標《しるし》として、庭上に鋪設される標山の最も古い記録は、先にも記した通り、仁明天皇大嘗会の折のものである。『類聚国史』『続日本後紀』等によれば、この時の標山の作物は次の通りである。

悠紀は則ち（慶）山の上に梧桐《ごとう》を栽ゑ、両鳳其の上に集ふ。其の樹中より五色の雲起つ。雲上に「悠紀近江」の四字を懸け、其の上に日像有り。日の上に半月像有り。其の山の前に天老及び麟像有りて、其の後に連理の呉竹有り。主基は則ち慶山の上に恒春樹を栽ゑ、樹上に五色の卿雲を泛ぶ。雲上に霞有りて、霞の中に「主基備中」の四字を掛けたり。且つ其の山上に西王母益地図を献じ、及び王母の仙桃を偸《ぬす》む童子、鸞鳳麒麟《らんほうきりん》等の像有り。其の下に鶴立てり。

これによれば、標山は随分と飾り立てられた、きらびやかなものであることが知れる。ところが問題は、その飾りとしての造作物である。これらはいずれも漢土のものであって、日本風のものではない。本文すなわち漢籍を出典としているからである。

本文そのものは伝わらないが、悠紀方の標山を飾る作物の慶山・梧桐・両鳳・五色雲・天老・麟等、主基方の恒春樹・卿雲・西王母・鸞鳳・麒麟等、祥瑞の芽出度い品《ひん》物《ぶつ》であり、いずれも日本でも馴染《なじ》み深いものであるが、その存在の本質は漢土に有る。たとえば悠紀方の作物では、梧桐（あおぎり）に両鳳（「両鳳」とは鳳凰《ほうおう》のこと。鳳がオス、凰がメス。）が集い、梧桐から五色の雲がわき立っているように作られているが、この構成は、

鳳凰は中央の鳥、其の性仁也。雄を鳳といひ、雌を凰といふ也。梧桐に非ざれば栖《すま》ず、竹実に非ざれば食せざる也。（『孫氏瑞応図』）
桐木雲と成る。（『淮南子萬畢術』）

等といった世界を典拠とする。そして、ここに「天老」（黄帝の輔弼、日本でいえば神功皇后に対する武内宿禰の如き存在）が組み合わされるとなれば『韓詩外伝』に、

黄帝即位し、聖恩を施し、大明を承け、一道に修徳すること、唯だ仁を是れ行ひ、

宇内和平するも、未だ鳳凰を見ず。乃ち天老を召して之に問うて曰く、「鳳象何如ぞや」と。天老対《こた》へて曰く、「夫れ鳳象は鴻は前にして麟は後、蛇は頸にして魚は尾なり。竜文にして亀身、鸛鴿にして鶏喙なり。首には徳を載せ、頸には義を掲げ、背には仁を負ひ、心には信を入る。翼は義を挟み、足は正を履み、尾は武を繋ぐ。小音は金のごとく、大音は鼓のごとし。頸を延べ翼を奮ひ、五色備挙《そなは》ると。黄帝曰く。「於戯《ああ》允《まこと》なるかな、何ぞ敢て与《くみ》せんや」と。是に於て、黄帝乃ち黄衣を服し、黄紳を帯び、黄冠を戴き殿中に斉《ものいみ》すれば、鳳乃ち日を蔽ひて至れり。黄帝東階に降り、西面して、再拝稽首す。皇天降祉し、敢て命を承けずんばあらじ。鳳乃ち帝の東園に止り、梧樹に集り、竹実を食ひ、身を没するまで去らず。

とあるものがうかんで来る。

一方、主基方の標山の「恒春樹」は

方丈山には恒春樹有り。葉は蓮花の如く、芬芳は桂花の如く、四時の色に随ふ。

と『王子年拾遺記』にみえる。又、王母が帝舜に益地図を授ける話は『雒《らく》書霊准聴』

等に見え、「王母の仙桃を偸む童子」の話は『漢武故事』に東方朔のことと見える。すなわち、悠紀方同様、主基方標山の作物も各々中国の書物の中に典拠が求められるものばかりなのである。

ここに見える祥瑞の性格は、鳳凰・麒麟・五色雲（慶雲・景雲・郷雲とも。五色とは青・赤・黄・白・黒をいう。慶雲の場合には青・赤の合色として紫が採り上げられることが多い）等いずれも

雲に五色有るは、太平の応なり。（『宋書』符瑞志）
景雲は、太平の応なり。（『孫氏瑞応図』）
麒麟は、仁獣なり。（『宋書』符瑞志）
君金に乗りて王なれば、其の政は平にして、麒麟郊に在り。（『礼斗威儀』）
鳳凰は、仁鳥なり。（『孫氏瑞応図』）
徳鳥獣に至れば、則ち鳳凰翔る。（『孝経援神契』）
君土に乗りて王なれば、其政は太平にして、則ち鳳凰苑林に集る。（『礼斗威儀』）

等とあるによって知られるように、帝王の仁政が行き届いた結果として平和、太平が

おとずれた時、その証しとしてこれが出現するとされている。そこで、この祥瑞が飾られることによって成る標山は、天皇の政治の有り方を示しているといえよう。すなわち、祥瑞を以て天子を祝福し、仁徳による治世の太平への念いをこめて、悠紀・主基両斎国から献進されるものである。

御屛風と本文

大嘗会に当って悠紀主基の斎国から献じられる御調度品の御屛風には、五尺と四尺の二種類がある。この二種類の御屛風の違いは次の通りである。

	屛風の大きさ	色紙の内容	画の様式	画の内容
本文御屛風	五尺	本文	唐絵	瑞祥の飛走草木 人物は帝王
和歌御屛風	四尺	和歌	和絵	四季山水 人物は庶民

まず五尺の御屛風であるが、これは本文御屛風とも称され、名の如く本文を主体と

悠紀方本文御屏風（八木意知男氏提供）

主基方本文御屏風（八木意知男氏提供）

した御屏風で、本文とそれに基づく唐絵とによって各四帖に構成される。

本文御屏風の本文として残る最も古い記録は、後朱雀院長元九年度大嘗会のものである。いかんながら主基方のものは伝わらないが、悠紀方のものは群書類従にも収められている。

全帖となると煩雑になる故、ここでは第二帖の本文を掲げることにする（原漢文）。

①西方に山壁有り、千仞の深谷の中に立つ。獣あり、其の文は豹の如く、其の角は牛の如し、其の名を狡と曰ふ。夏見はるれば其の国大いに穣《みの》る。

②高密県に密水あり。故に高密の名あり。今俗に所謂百尺の水なる者は、蓋し密水なり。古、此水を堰断して、以て稲田数千頃《けい》と為し、平昔人多く耕殖を以てせり。

③列岳の中に一岳中に在り。樹木茂盛し、其の高きこと幾千仞なるかを知らず。六月を以て之を祭る。諸岳の祠法明らかなるが如んば、則ち天下安寧なり。

この場合、①の本文の「有獣」以下は『山海経』西次三経山条に、

獣あり、其の状犬の如くして豹文、其の角は牛の如し。其の名を狡と曰ふ。其の

音《こえ》は吠犬の如し。見はるれば則ち其の国大いに穣る。

とある傍線部分、②の本文は『水経注』巻二十六に

応劭曰く。県に密水あり。故に高密の名あるなり。今の世の所謂百尺水なる者は蓋し密水なり。（中略）俗に之を百尺水と謂ふ。古人堰して以て田数十頃に漑す。

とあるもの、③の後半は『山海経』中次六経に、

凡そ縞羝山の首は平逢の山より、陽華の山に至る。凡そ十四山七百九十里なり。岳は其の中に在り、六月を以て之を祭る。諸岳之祠法明なるが如くんば、則ち天下安寧なり。

とある後半部分、をそれぞれ出典とするのであろう。従って、各本文のいずれもが唐土の文献から選び出したものであることが知られる。しかも「夏見則其国大穣」①、「則天下安寧」③とあるように、その内容は標山と同じく天下和平を表出する世界と

なっている点に特徴がある。

御屏風和歌

次に四尺の御屏風の和歌である。この御屏風和歌の作者は、儒者を原則に、名の有る歌人でもあった。和歌は倭歌であるから、その内容も和風の理念に基づくと考えがちである。ところが現実はそうではなく、随分と漢風の影響を受けたものとなっている。純粋に和風のものならばあえて儒者を作者にする必要はない故、漢風の影響下に詠われることを目指したものと考える方が妥当であろう。

例えば、

すへらきの御代を待ち出て水澄める安河の浪のとけかるらし（長和元年度悠紀方辰日退出音声）

千年へて一度澄める河辺河君か出てますしるしなりけり（長和五年度主基方御屏風丙帖第二首）

の如く、風俗和歌にも御屏風和歌にも河水の清澄性が詠われている。これは『延喜治

四尺御屛風

部省式』にも「河水清」とて大瑞に登録されているが、元来は唐土の思想に依拠する。すなわち

君は土に乗りて王なれば其の政は太平にして則ち河清し。(『礼斗威儀』)

丹邱は千年に一焼し、黄河は千年に一清す。皆聖の君に至りて、以て大瑞を為すなり。又黄河清みて聖人生る。(『拾遺記』)

等と見えるのがその典拠である。聖君の徳政の象徴なのである。

又、風は、

桜山条も鳴らさぬ春風に匂へる花を

のとけくそ見る（承保元年度悠紀方御屛風甲帖第三首）

これをこそ治まれる世と石坂や風は五日に雨は十日に（嘉禎元年度主基方辰日退出音声）

等と詠われるが、これは

王は太平なれば則ち五日に一風にして風は条を鳴らさず。（『王充論衡』）

太平の時、五日に一風、十日に一雨なり。（『王充論衡』）

等とある世界そのままである。

ここでは二例を掲げるにとどめるが、大嘗会の和歌に詠われた世界は、そのいずれもが本文を拠りどころとして詠われていると考えてよい。

御挿頭と本文

大嘗会の場には挿頭が用いられている。この挿頭には、主上の為のものと親王以下臣下のものとの二種類がある。親王以下のものは藤・紅梅・山吹等が用いられている。

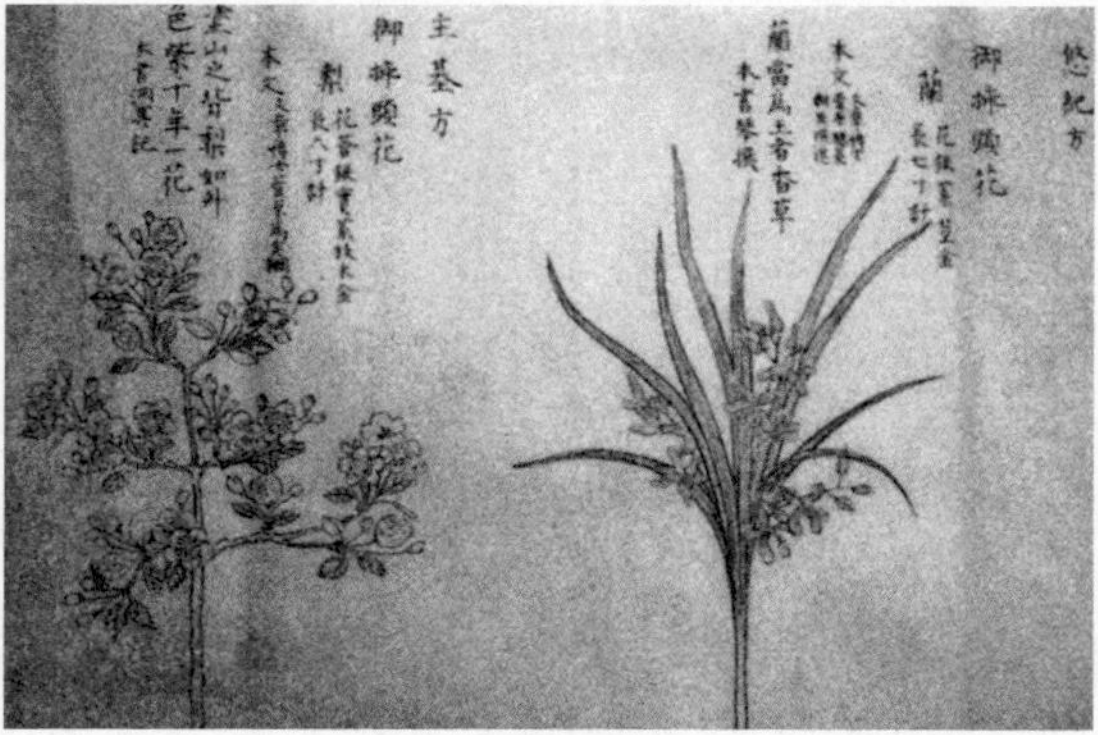

大嘗会御挿頭

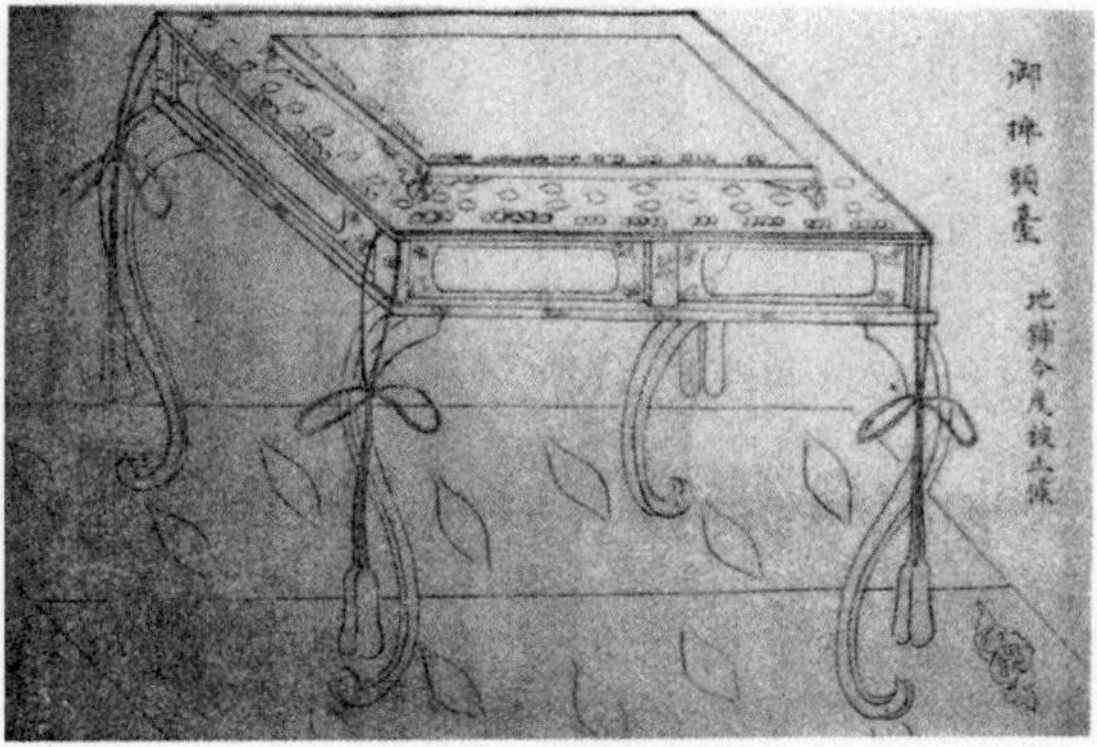

御挿頭台

これに対して主上のものは「御挿頭」と称され、本文と結びつくのはこれである。『兵範記』仁安三年九月一日の条に高倉院大嘗会に際して正四位下行内蔵頭藤原朝臣長光から献じられた「大嘗会悠紀方本文」によると、

挿頭花

芝草壮んなるは桑に似たり云々

とあり、辰日節会の条には、

次に悠紀御挿頭に芝草を進る。

とあって、芝草が献進されたことが判明する。これは

徳草木に至れば芝草生ず。(『孝経援神契』)

芝草は、王者慈仁なれば則ち生ず。(『宋書』符瑞志)

といった思想に基づく。

時代は下るが文政度には、悠紀方が「蘭苑」、主基方が「梨花」をそれぞれ献進している。各々、

蘭はまさに王者の香草と為すべし。(『琴操』)

塗山の背、梨は竹の如く、色紫にして千年に一花す。(『洞冥記』)

なる本文によったものである。蘭は

花は銀、葉茎は金、長さ七寸許り(『礼斗威儀』)

という体裁で作られた。すなわち、大嘗会の御挿頭は本文に基づいた祥瑞の草類嘉木が、金銀によって作られ、献ぜられるのであって、政治の正しさ(治徳)と王位の正当性を象徴証明していることになる。

洲浜と本文

大嘗会の場に献ぜられる洲浜は、記録に残っているものを見ると、『十洲記』を本文としている。すなわち、仁安三年度悠紀方の本文は『兵範記』等を参照にすれば、

瀛洲《えいしゅう》は東海の中に在り。地方四千里。大抵是会稽去の西岸七千里に対す。上は神芝仙草を生ず。玉石高きこと且に千丈なるあり。泉を出すこと酒の味の甘きが如く、之を名づけて玉醴泉と為す。之を飲むこと数幷なれば、すなわち酔ひて人をして長生ならしむ。洲上仙家多く、風俗は呉人に似、山川は中国の如きなり。

とある傍線部分となろうか。

又、文政度悠紀方は、

方丈洲には、仙家数十万あり。田を耕し、芝草を種ゑ、頃畝に課計するは、稲を種るの状の如し。

なる本文に基づく洲浜を献じている。

大嘗会洲浜悠紀方

大嘗会洲浜主基方

『十洲記』のこれら本文は、いずれも仙人の住む理想郷であり、長寿を約束する桃源郷である。従って、これを形どって献ぜられる洲浜は、帝王が目指すべき治国の理想像であるが、それを同時に『史記』封禅書に見える武帝封禅に対する李少君の言上

祠竈は則ち物を致す。物を致して而して丹沙は化して黄金と為す可し。黄金成り以て飲食の器と為せば、則ち寿を益す。寿を益せば海中の蓬萊僊なる乃ち見る可し。之を見て以て封禅すれば死せず。黄帝は是なり。

とある伝を具体化したものと考えられ、即位した主上の長寿を希求する祈りをも込めたものであろう。王者の長寿はすなわち平安の基礎である。

このように大嘗会の飾具は漢籍中の特定の文章（本文）を典拠として作られた。田中初夫氏は『践祚大嘗祭』資料篇「大嘗会図式大成」の解題に、

大嘗会の御飾具に漢土の文を用うるのは変である。殊に道教の辞を使用するというのは選者が如何に文章博士であっても奇異なことである。

と述べておられるが、この考えは逆で、「漢土の文」すなわち本文を用いんがために文章博士に儒者が任命せられたのである。それは大嘗祭が発達して盛大な大嘗会となり、そこに皇位の永遠性、清澄性、天皇の政治の在り方等を表現するために典拠となる本文を漢籍に求めたのである。標山、御屛風、大嘗会和歌、御挿頭、洲浜のいずれも、儒者を必要としたのはそのためである。そこには祥瑞が表現された。祥瑞は『延喜式』治部省に掲げられているが、さらにその原典は漢土で認定されたものであった。

祥瑞の世界

以上、本文と関わる御調度についておおまかに見た。これら本文の指向したものは、いずれも祥瑞の世界である。まとめれば次の如くなる。

標山――人的行為、飛走禽獣類、草木類天象。
御屛風本文――人的行為、飛走禽獣類。
御屛風和歌――人的行為、天象、地象、草木類。
御挿頭――草木類。
洲浜――神山。

これによれば、標山はその総体を対象とし、御屏風は両者が相補うものとなっている。祥瑞は人為に天地が感応して出現するお芽出度い「しるし」である。予徴性と結果性の二面をもっているが、大嘗会の場では「かく有るべし」という予徴性の方が勝っていよう。特にここに見うけられる祥瑞は帝王の仁による平和を意味しており、そこに悠紀・主基の両斎国を代表とする国民の希望と期待がかけられているわけである。

付記

本章は八木意知男氏の研究によった。詳しくは次の諸論を参照されたい。

①八木意知男「天地之正四時之極、不易之道」(『皇學館大学神道研究所紀要』第三輯、昭和六十二年三月)。

②八木意知男「大嘗会における洲浜と御挿頭」(『皇學館大学神道研究所所報』第三十二号、昭和六十二年六月)。

③八木意知男・真弓常忠編「大嘗会関係資料稿」(『皇學館論叢』第二十巻、第三・四号、昭和六十二年六・七月)。

④八木意知男「大嘗会和歌と本文」(『皇學館論叢』第十九巻、第五号、昭和六十一年十月)。

一一　大嘗会和歌

大嘗会和歌の発生

大嘗会に際して、度毎に当代一流の儒家（例えば大江匡房）によって、あるいは時代が降っては歌人（例えば藤原俊成）の例も多く認められるようになるが、儀式のための歌が詠進された。それがすなわち「大嘗会和歌」である。大嘗会和歌についてとくに研究を進めている八木意知男氏の説くところに従って記そう。

大嘗会和歌の発生がいつの時代に求められ得るのか定かではない。今日残っている最も古いものとして明確なのは、『古今集』にも見える仁明天皇の大嘗会歌（天長十年斎行）である。『古今集』には全部で五首の大嘗会和歌が入集しているが、その中の一首で

まがねふくきびの中山おびにせるほそたに川のおとのさやけさ

れる。

ある。さらに風俗和歌の方がより早く発生し、御屛風和歌は遅れて発生したと考えら

また、古くは歌数も度毎にまちまちで、定まってはいないものの如くである。しかし、時代が降ると、悠紀・主基の両斎国共に二十八首ずつ歌数が固定化される。すなわち大嘗会和歌の様式の確立である。二十八首の内訳は風俗和歌十首、御屛風和歌十八首である。これを組織図に示すと次頁のようになる。

風俗和歌

左図のうちA群の十首は、いずれも歌が楽所に下されて楽が付けられる。口頭にてうたうことを目的とするのである。同時に辰・巳両日の楽破・楽急には舞も振り付けられる。

稲春歌は、卯日神饌行立に先立って、膳屋で、棚に貯えられていた斎国の抜穂を春く折りにうたわれるものであって、稲霊の発動をうながすための神歌といってよい。高天原から事依さしを受けた優れた稲穂であると称える稲讃め歌である。また、ここに歌いこまれた地名は卜定された国郡、点定された斎田と関わる。

神楽歌は、辰日清暑堂御神楽に際してうたわれるもので、多く榊を採物とする歌で

- 大嘗会和歌（二十八首）
  - A群 風俗和歌（十首）
    - 稲春歌（一首）
    - 神楽歌（一首）
    - 風俗和歌（八首）
      - 辰日風俗（四首）
        - 参入音声（一首）
        - 楽　破（一首）
        - 楽　急（一首）
        - 退出音声（一首）
      - 巳日風俗（四首）
        - 参入音声（一首）
        - 楽　破（一首）
        - 楽　急（一首）
        - 退出音声（一首）
  - B群 御屏風和歌（十八首）
    - 甲帖（三首）
    - 乙帖（三首）
    - 丙帖（三首）
    - 丁帖（三首）
    - 戊帖（三首）
    - 己帖（三首）

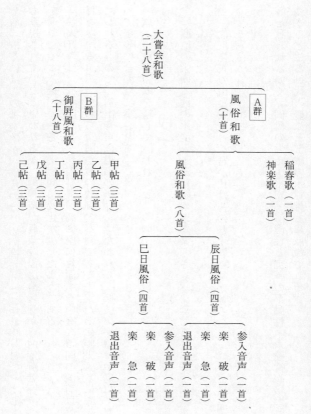

ある。古くにはこの神楽歌が「御代のはじめの御祈り」（『中務内侍日記』）として、最も重視されていたと思われるが、御神楽が豊楽殿後房清暑堂から内侍所御廊下へ場所をうつしてより後、いささか価値観に変化が生じたようである。

参入音声は、辰・巳それぞれの日に、高御座に対面する中庭に斎国の国司以下が歌舞を奏する――すなわち斎国からの歌舞の奉納である――ために参入するに際してうたわれるもので、退出音声は退出の折りにうたわれる。楽破・楽急は中庭にて舞を伴って鉦等に合わせて奏される。

以上の風俗和歌を通して詠われるところの主題は、例えば

藤原の栄ゆる池の水清み玉藻に鴨の遊ぶ楽しさ（後冷泉院永承元年度主基方備中国辰日楽急）

佐々礼石の山と成るべき君が代は苔のむす岩や動かざるらん（後朱雀院長元九年度主基方丹波国辰日参入音声）

等と詠われる如く、御代の栄え・平安・清澄性と宝祚の不動性・永遠性が扱われるが、つまるところ御代の豊栄と宝祚の永遠性とに収斂される。

御屏風和歌

B群十八首は、題詞とともに絵所へ下される。御屏風和歌は当代の能書によって、両尺の御屏風の色紙形に記されると同時に、その題詞と歌の内容とに基づいて倭絵の御屏風絵が、絵師によって描かれるのである。この点、五尺の本文御屏風に相対する存在ということになる。

大嘗会の御調度の一つである和歌の御屏風は、辰・巳両日、高御座の東西に立廻わされるもので、悠紀・主基各六帖からなっている。甲帖は正・二月、乙帖は三・四月、丙帖は五・六月、丁帖は七・八月、戊帖は九・十月、己帖は十一・十二月で、各帖二か月ずつの月次の構成をとり、和歌は各帖三首ずつである。

月次の構成をとるということは、すなわち季節感が存在するということである。季節に応じた梅・桜・藤・紅葉・雪等の自然、子の日・若菜摘・菖蒲引・納涼・六月祓等の行事、田植・稲刈り・養蚕・糸引等の生業を組み合わせた景物と地名と、そしてその地に生きる人びとを配することによって御屏風はなっているのである。しかし、和歌に詠われる内容の全てが絵に描けるものではないし、絵に表現された全てを三十一文字で詠えるわけではない。両者は互いに説明し合うものなのである。

四尺御屛風における絵と和歌とは相助的関係にある、互いに補い合って、天・地・人三極の融和した理想的「治天下」を表現する。大嘗会和歌の中に認められる理想的「治天下」の一つのサンプルは、難波に都せられた天皇、就中仁徳天皇の御代である。

大嘗会和歌の特質

ところで、大嘗会和歌にはA群B群の別なく、必ず地名が詠み込まれている。地名は何れの国に属するものでも良いのではなく、悠紀方の和歌には悠紀の斎国内の地名が、主基方の和歌には主基の斎国内の地名が詠まれているのが原則である。

大嘗会の事が決定すると、斎国の卜定がある。卜定された両斎国から「註進風土記」(『古地交名』とも)が行事弁の許へ註進される。「註進風土記」は斎国内の地名を選び出し列記したものである。後鳥羽院元暦元年度大嘗会に際して、悠紀の斎国近江国から註進された『山槐記』所載の実例によれば八十地名となっている。この註進された地名の中から二十八地名が和歌作者によって選ばれ詠われるのである。

註進された地名は、何れも「長等山」「勢多橋」「千歳山」「八千代池」等嘉字好字のものであることは論をまたないが、それのみならず、禁忌は完全に避けられていなければならない。仮に漢字表記では良くとも、口頭表現した時に悪しき印象を想起させるようであれば、その地名は不可となる。また実際の地名表記から離れて、大嘗会地名として相応しい表記が求められることもあった。近江国の通常「野洲河」が「安河」に、「三上山」が「御上山」あるいは「三神山」に表記されるのはこの例である。そして、これらのことから知られるように、「地」そのものが重視されるのではなく、地の「名」が言葉として重視され、有意味にとり扱われるのである。かかる厳重なる地名の選択は、そこに国魂信仰と言霊信仰が根付いているからに他ならない。

地名は良き地にとりついている国魂、地霊の名と同義である。良き地霊は良き地名をもって称される。良き地霊はますます良き名で呼んでその奇しき霊力を発揮させなければならない。したがって、大嘗会和歌が必ず地名を詠み込んでいるのは、その手続上からも国魂奉献の意味を有するものと理解されなければならない。これはおそらくは、天皇の国見国讃めの精神を承けるものと考えられる。『風土記』が地名の由緒を物語り、由緒の多くが神々および天皇の巡幸と関わっている事実と同一線上にあると考えてよいのであろう。その故にこそ、大嘗会和歌に採り上げられた地名は、やがて歌枕へと続くのである。

大嘗会和歌は、すでに『古今集』巻二十、大歌所御歌に

真金吹く吉備の中山帯にせる細谷川の音のさやけさ
　この歌は承和の御べ（仁明天皇の大嘗会）の吉備の国の歌
美作や久米のさら山さらさらに我名は立てじ万代までに
　これは水尾の御べ（清和天皇の大嘗会）の美作の国の歌
美濃の国関の藤川絶ずして君につかへん万代までに
　これは元慶の御べ（陽成天皇の大嘗会）の美濃の歌
君が代は限りもあらじ長浜の真砂の数はよみ尽くすとも
　これは仁和の御べ（光孝天皇の大嘗会）の伊勢の国の歌
淡海のや鏡の山を立てたればかねてぞ見ゆる君が千年は
　これは今上の御べ（宇多天皇の大嘗会）の近江の歌

という五首が入集していることによって明らかなごとく、勅撰和歌集の重要採歌資料となっている。いま試みに八代集に入集している大嘗会和歌の歌数を示すと次のとおりである（カッコ内の数字は賀部に入る歌数である）。

古今	後撰	拾遺	後拾遺	金葉	詞花	千載	新古今
5	0	22 (1)	2 (2)	6 (5)	2	15 (7)	10 (10)

これらの入集歌の大半は、賀部と神祇部とに入集している。それは大嘗会和歌そのものが、多く御代の栄えと平安・宝祚の不動性と永遠性を詠い、賀歌的性格と神祇歌的性格とを合わせ有しているからにほかならない。加えるに、大嘗会和歌で八代集に採られているのは、A群の風俗和歌十首の中からが圧倒的に多く、A群を重視したことは明白であるし、A群が季節感を有さないことから四季部への入集は通常は考えられないことになる。

大嘗会和歌と歌枕

こうして勅撰集に入集した大嘗会和歌には、地名が必ず詠われているわけで、この地名が歌枕として認定されるのである。大嘗会和歌から直ちに歌枕が認定されるのではなく、勅撰集等へ入集することを通して歌枕と認定されるのである。つまり、地名を詠った歌から歌に詠み込まれた儀式へ、と性格が転換されて歌枕となるのである。

畢竟、大嘗会和歌は大嘗会という儀式を支える儀式の一部であるが、当代文化の総和という性格を無視しては成り立ち得ないのである。和歌である以上歌学の影響を受けるのはもちろん、音楽、書道、美術、等々の当代文化の最高と結びついてはじめて可能なものであった。

付記

本章も、八木意知男氏の研究によった。記して深謝の意を表する次第。詳しくは、同氏著『大嘗会和歌の世界』（皇學館大学出版部発行）を参照のこと。

一二　大嘗祭の歴史

平城京の大嘗宮跡

昭和六十年十一月十八日、平城宮跡の第二朝堂院を発掘調査していた奈良国立文化財研究所は、奈良時代の三天皇の大嘗宮の遺構を発見したと発表した。発見したのは、平城宮跡の中央部からやや東寄り、大極殿の前庭で、官人が政務を執った十二の朝堂に囲まれた広場の部分で、約二千平方米で、第一期の遺構は、東西三十一米、南北四十六米、この内側に南北十一・八米の正殿（二間×五間）をはじめ、臼屋・膳屋・廁屋などが配置され、柴垣で囲まれていた。第二期、第三期の遺構も、南へ約九米ずれるものの、全体の規模はほぼ同じで、貞観の『儀式』に記載されている大嘗宮の建物と一致することが判明した。

『続日本紀』によると、平城宮で即位され、大嘗祭をおこなわれたのは、次の各天皇である。

元正天皇　霊亀二年（七一六）十一月辛卯（十九日）大嘗。

聖武天皇　神亀元年（七二四）十一月己卯（二十三日）大嘗。備前国を由機《ゆき》とし、播磨国を須機《すき》とす。従五位下石上朝臣勝男・石上朝臣麻呂、従六位上石上朝臣諸男、従七位上榎井朝臣大嶋等、内物部《うちつもののべ》を率い、神楯《かむたて》を斎宮の南北二門に立つ。

孝謙天皇　天平勝宝元年（七四九）十一月乙卯（二十五日）南の薬園《やくえん》の新宮にて大嘗す。

淳仁天皇　天平宝字二年（七五八）十一月辛卯（二十三日）乾政官《けんじやうくわん》の院に御して大嘗の事を行ふ。

称徳天皇　天平神護元年（七六五）十一月己卯（二十三日）帝《みかど》を廃《とど》めて既に淡路に遷《うつ》し、天皇重ねて万機に臨む。ここにおいて更に大嘗の事を行ふ。美濃国を以て由機《ゆき》とし、越前国を須伎《すき》とす。

光仁天皇　宝亀二年（七七一）十一月癸卯（二十一日）太政官の院に御して大嘗の事を行ふ。

桓武天皇　天応元年（七八一）十一月丁卯（十三日）太政官の院に御して大嘗の事を行ふ。

以上の中で孝謙天皇は「南の薬園」、淳仁天皇は乾政院、光仁・桓武天皇は太政官院で行われたが、元正・聖武・称徳の三天皇は場所の記載がないところから、本来の正式の場所である朝堂院前庭で行ったものと推定されていた。それを立証するかのように三つの遺構が発見されたので、同研究所は、これをこの三天皇の大嘗宮跡と断定した。

この発見によって、平安時代の貞観の『儀式』に記載されている大嘗宮の様式は、既に奈良時代より形が整っていたことを立証するもので、まことに貴重な発見であった。同時に平城京において、既にこのような形が整っていたということは、その前の藤原京においても、ほぼ同様であったと想像することが可能である。なぜなら、大嘗祭は令制によって制度化されたのであるが、大宝令以前の持統天皇のときにも行われ、また天武天皇のときにも行われたことが判明しており、大宝令の基礎となったのは浄御原令であるからである。しかも素朴な掘立で黒木の柱を用い、屋根は草葺、蓆を用いて壁としたような簡古な建物であるのは、さらに遥か古代よりの伝統とみられる。少なくとも平安時代のもっとも整った時代と全く同じ遺構が平城宮跡から発見されたことは、奈良時代、あるいはそれ以前よりも同様の儀のあったことが確かめられたことになる。

大嘗会の発達

その頃の大嘗祭の期日は、前章に述べたように、卯日の神祭りから、中一日おいて巳日に饗宴があったが、平安時代に入るとともに大嘗祭の規模も増大して、嵯峨天皇のときからは、『儀式』に記されているような、卯日の神祭り、辰・巳・午日の節会と四日間にわたる盛大な儀式として行われるようになった。そしてこの節会の部分を大嘗会と称し、和歌が詠進され、御屛風《おんびようぶ》、御挿頭《おんかざし》、洲浜《すはま》といった創作物が献進された。それには多分に中国の封禅の思想によって潤色され意義づけがなされて発達したが、一方では、巳日節会のあと、清暑堂の御神楽も行われる等、固有の文化の伝統も維持されて、複合的な文化を形成しつつ、平安時代を通じて、盛大な国家儀礼として行われた。

その間、式次第の細部にわたっては、必ずしも変更がなかったわけではない。『儀式』、『延喜式』、『北山抄』、『天仁大嘗会記』、『江家次第』等に記されているところは、時代によって多少の変化は免れないが、中心となる卯日神祭りは、変りがないばかりか、それらの記録から窺われるのは、それぞれの時代において、故実を勘案し、先例

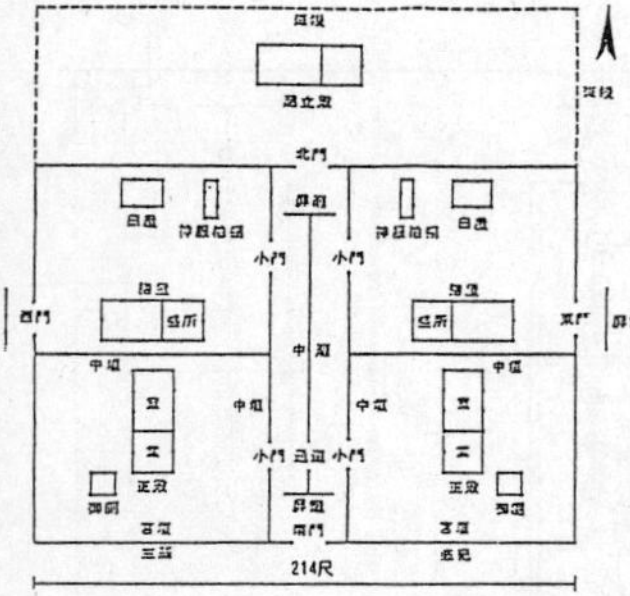

平安時代の大嘗宮（貞観儀式）

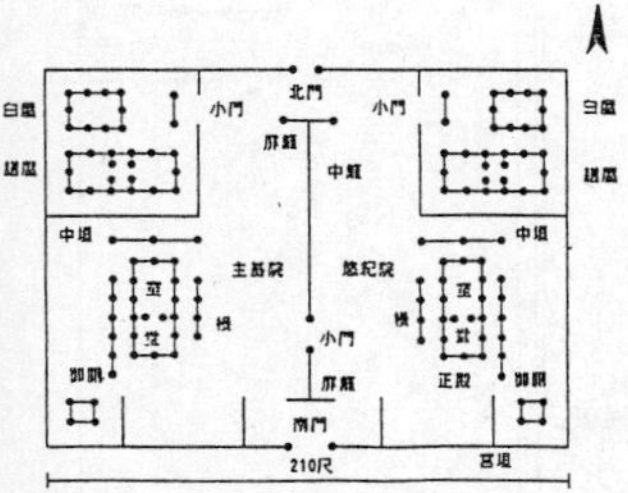

奈良時代の大嘗宮（169次調査Ⅰ期）

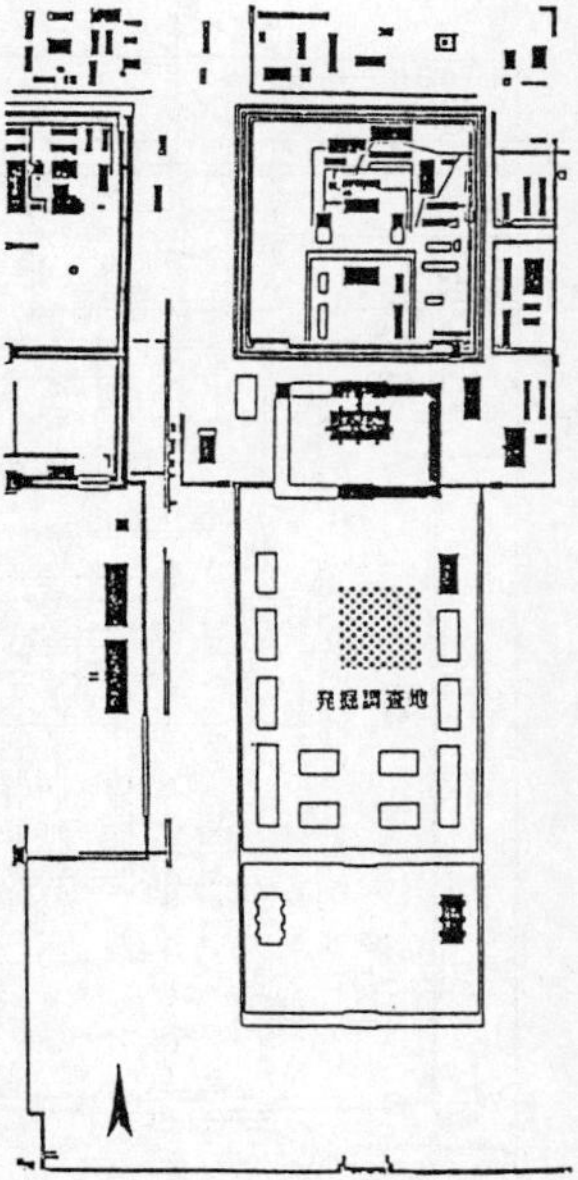

発掘調査位置図

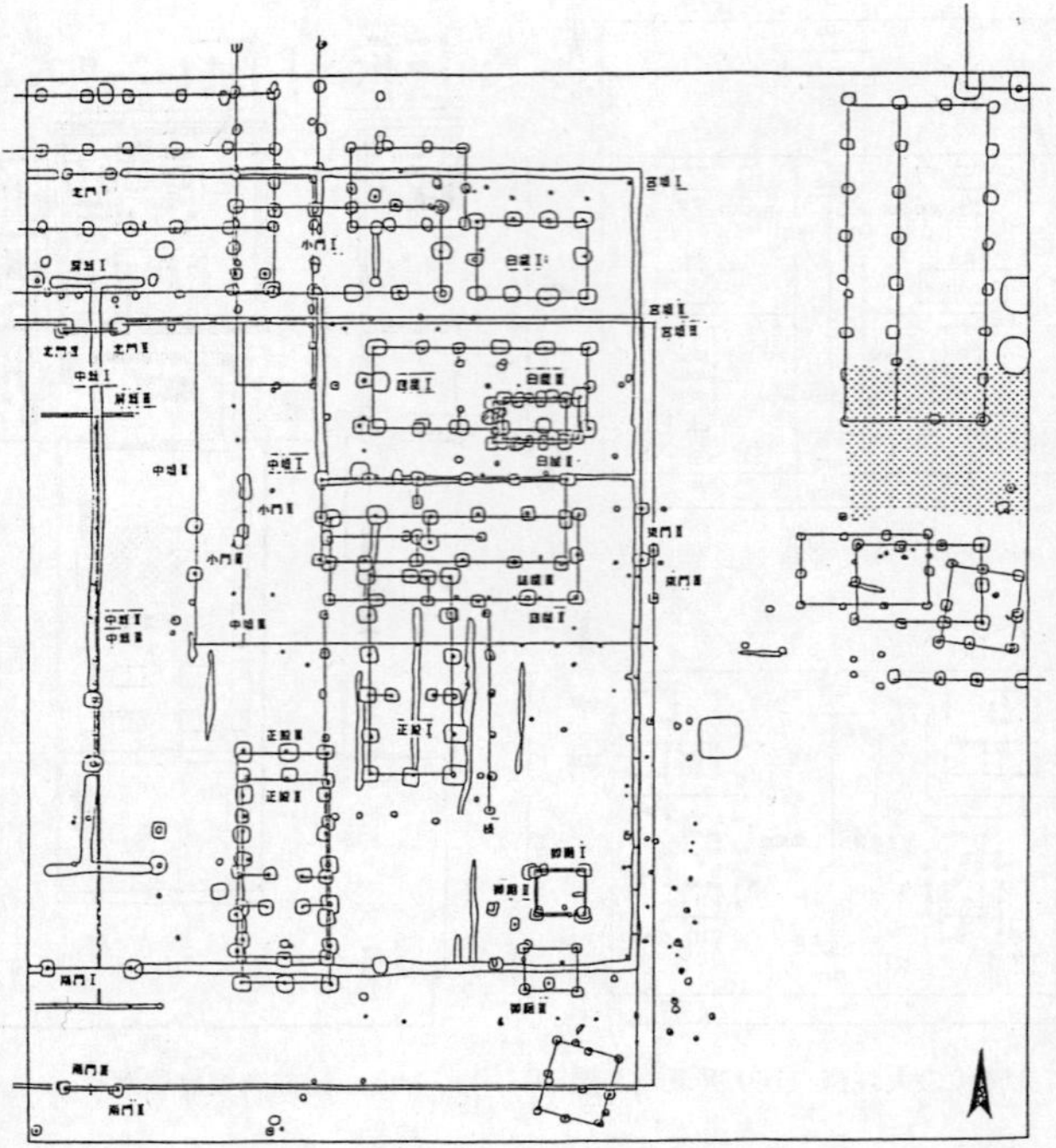

平城宮跡第169次発掘調査現地図

を踏まえて、古儀を格守しようとする先人の努力の跡である。

かくして、中国の封禅の思想に基いた即位式は、天皇が高御座に昇られて内外にそのことを宣言し、大臣以下が万歳を唱えて、祝意を表する重要な儀式であるが、我が国固有の即位儀礼である大嘗祭は、それにもまして天皇の天皇たる霊的な意味でのご資格を得られる儀として行われてきたのである。それ故、ご即位にはなっても、大嘗祭を行われなかった仲恭天皇(承久三年四月践祚、御在位四か月)のような場合は半帝と申し上げた。しかしそのときを除いて、第九十六代後醍醐天皇に至るまでは、諒闇や戦乱のために多少延引されることがあっても確実に行われた。

半帝

例えば安徳天皇は、治承四年(一一八〇)二月践祚されたが、源平の戦のため一年延引、寿永元年(一一八二)十一月二十四日斎行された。順徳天皇の場合、承元四年(一二一〇)十一月践祚、十二月二十八日即位されて、翌年十一月十六日大嘗会とさだめられていたが准母昇子内親王崩御により延引し、建暦二年(一二一二)十一月十三日斎行された。四条天皇の場合も、貞永元年(一二三二)十月践祚、十二月即位、翌年大嘗会予定のところ御母藻壁門院崩御により、翌年また、御父後堀河上皇崩御により延引して、文暦二年（一二三五）十一月二十日斎行された。このように延引はあっても大嘗祭がおこなわれないということはなかった。仲恭天皇の場合は、践祚後まもなく承久の変が起り、北条氏の勝利に終って、その意志によって後堀河天皇が即位されることになって僅か四か月で退位されたためである。それ故、半帝と申し上げる。

中世の大嘗祭

しかるに、南北朝におよんで、後村上天皇・長慶天皇・後亀山天皇の三方は、吉野に都されていたので、大嘗祭をおこなわれたという確かな史料はない。一方北朝では、光厳・光明・後光厳・後円融帝ら、いずれも大嘗会をおこなわれた記録がある。ただし、崇光帝の場合は、国郡卜定をおこなわれ、準備は進んでいたが、正平五年（一三五〇）、御禊の前二日にいたって俄に停止になり、その後おこなわれぬままであった。『続神皇正統記』には、

第九十九代崇光院（中略）元弘天下一統のごとく、毎年聖断たるべきよし治定して、南朝の年号正平六年をもちひられ、官位も同南主の御はからひにぞ成侍る。三種神器も南方頭中将興忠朝臣上洛して請取奉り、賀名生山中に渡御あり。仍於

南朝尊号を献ぜられる。さても今度打つづき天下擾乱によりて、御禊も停止せられ、大嘗会も取行はれぬ事こそ。帝闕の初例無念に侍れ。

とある。

大嘗祭の中絶

けだし崇光帝が南朝よりであったがために、足利の容喙によるものであろうか。しかしその後もともかくおこなわれ、文正元年（一四六六）後土御門天皇の大嘗祭まではおこなわれた。応仁の大乱がおこったのはその翌年で、以後戦国乱離の世となって朝儀の多くが断絶したことは周知のとおりである。大嘗祭は行われるべくもなかった。

大嘗祭の再興

大嘗祭が再興されたのは、江戸時代になって、八十年も経た東山天皇の貞享四年（一六八七）である。九代二百二十年の間中絶していたことになる。後水尾天皇の『当時年中行事』の中に、御禊大嘗会其外の諸公事も次第に絶て、今は跡もなきが如くになれば、再興するにたよりなし。

と慨かれ、これを再興せしむべきお志を後光明天皇に、ついで後西天皇に、さらに霊元天皇にと伝えられて、この歴代にわたるご悲願を背景に霊元天皇の強い要請によって、幕府もやっと重い腰を上げたのであった。しかし諸事簡略にという条件が付せられて、御禊行幸の儀のような重要な行事は省略された。次の中御門天皇のとき、又々おこなわれず、桜町天皇の元文三年（一七三八）に至って漸く復興するに至った。これには将軍吉宗の積極的な姿勢もあり、とくにその第三子田安宗武が有職故実に通じていたことも復興を促した上で見逃すことができない。田安宗武に仕えて古儀の考証にあたったのが荷田在満であった（三木正太郎氏「近世の大嘗祭」『大嘗祭の研究』所収参照）。

以後は明治にいたるまで、絶えることなく斎行され、明治天皇の大嘗会は明治四年、東京、宮城にておこなわれたが、明治二十二年の皇室典範に「即位ノ礼及大嘗祭ハ京都ニ於テ之ヲ行フ」（第十一条）と定められ、同四十二年の登極令に「即位式」および「大嘗会式」の式次第が詳細に規定され、大正・昭和の大嘗祭は、それに基づいて京都でおこなわれた。

一三　大嘗祭と憲法

政教分離の問題

大嘗祭は、少なくとも天皇が日本国家の象徴としての実質を体現せられる御儀であることは疑いない。このような大嘗祭は、もとより国の大典として行われるものと期待するのは大多数の国民の素朴な考えである。律令制の下では大祀として行ってきた唯一のものであり、明治憲法下においても当然最高の儀典として、皇室典範と登極令によって規定され、大正・昭和の御大典では、即位の礼に引き続いて、むしろ即位式中の即位式として行われたことは本書の冒頭に記した通りである。

しかるに現在の日本国憲法のもとでは、皇室典範に「即位の礼」と「大喪の礼」とは明文があるが、大嘗祭に関する法律上の規定は何等存しないばかりか、大嘗祭を神道の行事とみて、国がこれを行うことについては政教分離の原則から問題であるとされている。

政教分離とは、国が特定の宗教団体と結び付いて、これを援助したり、又政治が特定の宗教団体によって支配されることのないよう政治と宗教との分離を命じたものである。それはヨーロッパでは宗教間の闘争が激しく、政治が特定の教会と癒着して種々の弊害を生じた歴史があり、その経験に基づいて政治と教会とが結び付くことを禁じるのが世界の一般的な傾向であったが、我が国では神道は宗教としては扱われず、神祇敬祭の精神を以て政治を行うという祭政一致を理想とした。神道は仏教伝来以前よりの固有の儀礼であり、宗教というより生活原理であったからである。しかるに、昭和二十年十二月十五日、日本占領中の連合国軍最高司令官総司令部（GHQ）は「国家神道、神社神道ニ関スル政府ノ保証、支援、保全、監督並ビニ弘布ノ廃止ニ関スル件」という覚書、いわゆる「神道指令」を発し、それまで宮中祭祀や神宮・神社の祭祀は国として行ってきたことを厳しく禁じた。

「神道指令」を起草したのは、GHQ民間情報局宗教課長であったバンス大尉であるが、その論旨に大きく影響し、その思想的背景を為したものにD・C・ホルトムの著述がある。ホルトムは一八八四年（明治十七年）生まれで、明治四十三年来日してキリスト教系の大学で教鞭をとっていたが、日米開戦に先立って帰国し、一九四三年（昭和十八年）シカゴで出版したのが『現代日本と神道国家主義』という書である。この中でホルトムは日本の全機構を瓦解せしめるには、国家神道を解体することであると示唆した。彼らは日本国民の団結と忠誠心の根源を神道であるとみて、日本をして再び立つことができぬようにするためには、国家神道を解体することであるとみたのである。そして戦後、米占領軍は占領とともにこの戦争の思想的根源は国家神道であるとして、一方的に「神道指令」を以てその解体を命じたのであった。日本国民が類い稀な団結と忠誠心を示したことは事実であり、その根底に神道による共通の意識があったことも否定できないが、それが戦争の原因であったわけではない。戦争の原因は全く別の問題であって、これを神道のせいにするのは誤解と偏見にもとづくものである。しかし「神道指令」による影響は独立回復によって失効した後も永く存続し、とくに日本国憲法の中にその意図が継承された。国及びその機関の宗教教育・宗教活動を禁じた第二十条・第八十九条がそれにあたる。

宮中祭儀と民族儀礼

しかし宮中祭儀は我が国の民族信仰に基づく民族儀礼であって、日本国家の成立とともに国家儀礼ともなってきたものであり、神道という名の生じるより遥か以前から行われてきた儀礼である。それは宗教的起源を有し、宗教的要素を持つことは否めないが、日本の歴史の中では民族慣行ともなっている儀礼であった。神宮や神社の祭祀、神道行事はそれに倣って祭式を制度化したものであるが、宮中祭儀が一般神社の祭式によって行われているのではない。したがって宮中祭儀は日本国家、日本民族の礼典の基本であって、ことに大嘗祭のごときは日本国家と国民の統合の象徴である天皇の、真に天皇としての御資格に関わる儀礼であるから、当然国の大典として行われるものと期待するのは一般国民の素朴な考えである。政教分離の原則は尊重するとしても、大嘗祭を始めとする宮中祭儀のごときは、特定の宗教教団と関わりない民族儀礼であり、国家儀礼であって、これは国の本質に関わる儀礼である。その点、諸外国では政教分離の原則と宗教的要素のある国家儀礼との関係はどうなっているか。

大統領の就任式とアメリカの市民宗教

日本の知識人はアメリカでは政教分離が完全に行われていると信じているが。実はアメリカの政治には宗教は色濃くかかわっているばかりか、アメリカの政治の基本理念を形成しているのである。前述のホルトムでさえも、前著に占領後の情況を踏まえてさらに二章を加えて昭和二十二年に出版した『日本と天皇と神道』には、

新しい制度の下にあっては、天皇は一私人として以前と同じような儀式的な行事

をいとなむ権利を与えられている。しかし天皇のような重要な存在である個人の場合には、純粋に個人的な公の資格においてこれに参加することを明確に一貫して区別することの困難なことはいうまでもなかろう。理論的には、もし天皇が一私人として神道の信者であることを続けるなら、儀式における天皇の役割は、アメリカの大統領がある特定の教派に属する教会の儀式に列席する場合と同様に解されよう。だが大統領の場合においても、その役割の公私の区別は厳密でない。大統領就任式の意味するものの核心はなにかといえば、それはキリスト教の儀式なのである(深沢長太郎訳、逍遥書院、昭和二十五年)。

と述べて、大統領の就任式は聖書とキリスト教の名において行われる宣誓が中心をなしていることをのべる。しかも、一九六一年一月二十日に行われたケネディ大統領の就任演説の中には、次のような言葉が見いだされる。それは

①わたしは全能の神の前に荘重な誓いをしている。
②人間の権利は神の手から与えられる。
③神の祝福と神の助けを願いつつ、ここ地上においては神の御業がわれわれ自身の

仕事でなければならないことを意識しつつ、われらが愛する国を導くために前進しよう。

というものであった。つまりケネディは極めて高い宗教的次元の政治理念を掲げているのである。これはアメリカ合衆国の伝統に、神の意志を地上で実現するという宗教的精神がふかく潜んでいることを意味するもので、その精神は歴代大統領の継承するところであり、さかのぼればアメリカの建国の精神に深くかかわるのである。アメリカの建国精神は一六二〇年メイフラワー号でやってきた百二名の清教徒が「神の栄光とキリスト教の名誉のために」と宣誓したことに基づくもので、歴代大統領はその宗教的精神を継承発展させ、次第に制度化して、とくに独立戦争、南北戦争によって画期的な発展を遂げた。これをカリフォルニア大学のロバート・ベラー教授はシビル・レリジョン（市民宗教）と名付けて、アメリカでは市民宗教は教会と並んで教会とは区別された宗教として現実に存在することを、ゲッティスバークやアーリントンの国立墓地、無名戦士の墓、またメモリアルデー、感謝祭、独立記念日、ワシントンやリンカーンの誕生日に於ける国民的儀礼を挙げて、それが政教分離の対象とはなっていないばかりか、アメリカの基本理念を形成し、アメリカ国民統合の装置として機能していることを証した。このアメリカの市民宗教はまさしく我が国の国家神道に相当すると指摘したのは野口恒樹氏で、アメリカ大統領の就任演説は天皇ご即位の勅語にあたり、その演説の内容が常に独立建国の精神を顧みてその維持発展を念願しているのは、我が国の勅語において常に皇祖の神勅以来の父祖等の精神の継述を専らとしているのと変わりはなく、ゲッティスバークやアーリントンの国立墓地や無名戦士の墓は、我が国の靖国神社や護国神社にあたり、ワシントンやリンカーンの誕生日は神武天皇祭や明治節の祭日にあたるというのである。

エリザベス女王の戴冠式

一九五三年、イギリスのエリザベス女王の戴冠式は英国民の熱狂的な国家的祝祭となり、大英帝国をまさに公的な道徳律の下に統合することに成功した偉大な出来事であったと言われている。この英国王の戴冠式とはどのような儀式かというと、徹頭徹尾宗教儀式である。儀式の行われるのはウエストミンスター寺院であり、司式の主役はカンタベリー大主教である。まず聖書、聖体器、聖杯を置いた上で、神の秩序の下で地上王権の存在を確認する入祭文を大主教が読み、王は神の法と福音の言葉を全力を尽くして守り、国教たる英国聖公会及びその聖職者の権利を保護することを誓う。

次ぎは聖別式で、聖エドワードの椅子に座した新王はアンプラとスプーンで油を塗られる。これはソロモンが油を塗られて王位に就いたという聖書世界の追体験である。聖エドワードの椅子に嵌め込まれている「スクーンの石」は創世記にいうヤコブが枕にして寝た石と伝えられ、ここに座して王位に就く者には神の加護と治世の繁栄が約束されるとの信仰がある。次ぎに王剣・王珠・王笏の奉献がある。王剣は正義と教会をまもり、王珠は十字架がついていてキリスト教によって支配される世界を象徴し、王笏はキリスト教による王の統治権をあらわす十字架笏と神の恵みの象徴という鳩笏である。そしていよいよ王冠の授与となるが大主教が聖エドワード冠を捧げて神が神のしもべである王を清め、豊かな恵みによって王者の徳を加えられるようにと祈禱した上、王の頭にかぶせる。この瞬間、会衆は一斉に God Save the King（Queen）を唱和するのである。このようにして英国王の戴冠式はウエストミンスター寺院における宗教儀礼を以て終始するが、それは決して国王個人の私的行為ではない。完全に国家的行事であり、全国民的な象徴的表現として示された国家的儀礼なのである。象徴は歴史的伝統的な宗教儀礼であるが故にこそ、キリスト教国イギリス国民の心意を一つに結びつける装置と為し得たのである。

大嘗祭に宗教的要素があり、宗教的起源を有することは否定できない。しかしその宗教性は、悠遠の太古に発する日本の民族信仰に基づくもので、仏教の渡来によって生じた神道の語の意味するよりも遥かな昔から行われてきたところである。イギリス国王の戴冠式やアメリカ合衆国の大統領就任式が宗教儀礼を以て行われていながら、政教分離の対象となっていないのと同様に、大嘗祭に於ける宗教的意義は、特定の教団とかかわるものでも、憲法第二十条にいう宗教的活動にあたるものでもなく、民間土俗のニイナメ儀礼にも通じる、日本の文化伝統を支える基盤であった。少なくとも民族のアイデンティティを確認することのできる最高の儀礼であることは間違いない。大嘗祭が国の大典として行われることを期待する所以である。

天皇の国事行為

しかるに現行日本国憲法の下では、陛下が御親らお務めになっている毎年の新嘗祭をはじめ年間数十度の祭儀も、陛下お一人の私事として扱われている。陛下の行われる宮中祭儀はひとえに国安かれと祈られるのであって、陛下お一人の私事などというものではない。それはご歴代を通じて変わることのない皇室としてもっとも大切なご伝統である。しかし日本国憲法下ではそれらはすべて内廷の私事となっている。

日本国憲法には第七条に、天皇の行われる「国事行為」として十項目を挙げているが、その末尾に「儀式を行うこと」という一項はあるものの、宮中祭儀はこの儀式の中にも入れられていない。賢所をはじめ宮中三殿の祭祀に奉仕する掌典職（宮中の神官）は国家公務員にもなっていない。そうした点から将来の御代替わりの際の大嘗祭はどうなるのか。心ある国民の重大な関心を寄せるところである。

「大嘗祭は国事として行われるべきだ」との見解を表明している学者も少なくない。例えば、憲法学者の小森義峯氏は大嘗祭を即位式と一体のものとみて、憲法第七条の儀式の中に含め「国事行為」として至当であるとされている。それには皇太子殿下のご成婚の際の「賢所大前の儀」が国事として行われたことも有力な前例と為し得る筈である。前記ホルトムも、前述のように、天皇の公的な行為の中で宗教的行為の有り得ることを示唆したが、さらに次のように述べている。

この伝統的形式との公的な結び付きが一見はっきりと現れているのは天皇の即位式である。その際行われる念入りな儀式のうち半分は中国伝来のものであり、あとの半分が純然たる神道儀式である。この後半の儀式において、天皇は国家の最高の神官としての資格により日本古代の神々と深夜霊交を遂げ、国民を養い守る五穀の神（豊宇気比売神）を自らの身体の中に招き入れるのである。即位の儀式は古代の禅譲の手続きが現代に復活されたものである。それが複雑で多彩な部分から成り立ち、また人類学的研究への示唆を含むという点では、おそらく世界の即位式中全く他に類を見ないものであろう。それは正しくこの国の正当な文化的遺産の一部をなすものである。これを単なる個人的あるいは宗派的な意味しか持たぬ形式に変えてしまうことは出来ない（深沢長太郎訳、逍遥書院、昭和二十五年）。

これが「神道指令」の思想的根拠を提供した米人学者の見解である。ここにいう後半の儀式とは大嘗祭であることは言うまでもない。

それに対して、政府や国会はどう考えているのか。

政府の方針？

昭和五十四年四月十七日の衆議院内閣委員会において、上田卓三委員（社会党）の質問に答えた政府側委員真田法制局長官は、

従来の大嘗祭の儀式の中身を見ますと、どうも神式でおやりになっているようなので、それは憲法二十条第三項の規定がございますので、そういう神式のもとに

おいて国が大嘗祭の儀式を行うことは許されないというふうに考えております。

と言い、さらに昭和五十九年四月五日の内閣委員会においても、柴田睦夫委員（共産党）が前の真田法制局長官の言葉をあげて、法制局は今でもこの見解に変わりはないのか、と質したのにたいして、前田正道政府委員（内閣法制局第一部長）は、

ただいまお尋ねの大嘗祭は、従来皇位の継承がございましたときにそれに伴って行われてました神式の儀式であるように承知しておりますけれども、そのような儀式でございますれば、これを国事行為として行うことは許されないのではないかというふうに考えております。

もっともそのような儀式が、国事行為としてではございませんで皇室の行事として行われるというのでございますれば、そのことにつきましては特に憲法上の問題は生じないというふうに考えております。

と答えている（いずれも「内閣委員会議事録」による）。

ここに「皇室の行事」という言葉で表現している内容がどのような形式のものか不

明であるが、少なくとも国事としては行い難いという方針を表明したものと受け取られる。

神聖な宮務上の重儀

しかし、このような法律論議以前に、宮中祭儀は天皇が、天皇であるがゆえに、天皇として行われるものであり、その伝統は厳格に継承せられるべきもので、その精神や形式がそのときそのときの政治情勢や意見によって動揺するような性質のものではないことを認識しておく必要がある。それ故、葦津珍彦氏は、明治憲法・皇室典範の起案者である井上毅が国家権力の及ぶ国務と国家権力の及ばない宮務とに分けて、国務のことは憲法に宮務のことは皇室典範に規定し、神事礼典のことは国家権力の及ばない宮務に属することとした理論を援用されて、皇室の祭儀礼典は国務上の国事ではなく、宮務上の重儀であるとする説を発表された（『中外日報』昭和五十九年二月十日）。

葦津氏の理論によると宮中祭儀は世俗的国務圏外のもので、国家権力などの国務より遥かに高貴にして神聖な天下の重儀である。国務の干渉を許さない宮務である、というのである。日本国憲法には、天皇の行われる国事行為について、第三条に、

天皇の国事に関するすべての行為には、内閣の助言と承認を必要とし、内閣が、
その責任を負ふ。

とあり、第七条には

天皇は、内閣の助言と承認により、国民のために、左の国事に関する行為を行ふ。

とあって、十項目を挙げているのであった。憲法学者の大石義雄博士も、皇室祭儀が国事だとすると、内閣の助言と承認を必要とすることになる。内閣といってもその実は謀略と権謀の渦巻く俗界であって、この俗界の政治権力が皇室祭儀のような神聖な領域に介入出来るとなると、もはや日本に聖域はなくなる、として葦津理論に賛意を表された（『神社新報』昭和五十九年九月三日）。すなわち皇室祭儀は天皇の行われる祭儀礼典であるが、天皇はいつでもどこでも公的な存在であり、私事は存在しない。憲法上の国事行為ではないが、天皇のご意志によって行われる宮務上の重儀である、というのである。この理論によると、大嘗祭は日本民族の精神的基礎にかかわるもので、国の大典であるべきであるが、世俗権力である内閣の助言と承認を必要とするような

「国事」たる以上に、遥かに高貴にして神聖な天下の重儀として行われるべきものと考えられる。

しかも問題は、内廷の行為となると、国の予算措置はどうなるのか、乏しい内廷費から賄うのでは到底行われがたい恐れがある。国家予算に拘わらず皇室が独自に行い得るだけの財政的手段はなに一つないのが実状であるとすれば、宮務上の重儀であるといってもどのようにして行うことが出来るか。内廷の重儀であるというのは、世俗権力の干渉を許さない神聖な宮務上の重儀であるという意味であって、そのために「内廷の私事」として、矮小化することは許されないと考えられるが、政府や国会がそれに必要な予算措置を講ずる誠意があるかどうか。大石博士は「国民の間に皇室祭儀を維持するための財団のようなものでもできればよいがと、ひそかに期待する所以である」とも述べておられる。上山春平氏もこの説を踏まえて「皇位継承儀礼は京都で出来るか」という形で問題提起をされ、募金によって内廷費の不足を補う道のあること、その場所は京都御所の旧地がもっともふさわしいことを提唱された（「朝日新聞」昭和五十九年十一月二十一日夕刊）。ともあれ、大嘗祭は国の大典として行われることが多くの国民の期待するところである。

一四　結び

壮大な複合文化

大嘗祭は、天皇が瑞穂の国の国魂を体現せられ、ニニギノミコトという稲の実りを象徴する存在となられる意を持つ儀礼である。国民はまたこれに御代の栄え、平安、清澄性、永遠性等を和歌や絵画や洲浜を以て体現し、理想の実現への願いを込めて祝福するものであった。この節会の部分を含めて大嘗会と称され、祥瑞をもって讃えた。祥瑞の表現には中国の封禅の思想の影響が多分にみられ、式次第全般にわたっても中国の祭祀制度によって整備されたが、しかも尚且つ中核をなす悠紀・主基の大嘗宮の祭儀は我が国古来の固有の儀礼を以て行われたのであり、国栖の古風、悠紀・主基の国風、語部の古詞、隼人の風俗歌舞、また倭舞、吉志舞、久米舞、五節舞等々、そこで演ぜられる芸能も古層の文化を再現して原初の時を回復する意を持つものであった。その点、大嘗祭（大嘗会）は壮大な複合文化であり、当代最高の文化の表象である。しかもその核心はあくまで天皇が皇祖より「斎庭の穂」をいただかれて、皇祖の大御神と御一体となられるという深秘の儀礼である。

すなわち「伊勢大神宮入れ替らせ給へる御方」となられる一瞬であった。そして一陽来復の朝、群臣の前に姿を現わし、天神よりの寿詞を受け、神璽の鏡剣を受けられたが、この方は持統天皇のとき以来、即位式の方に移されたが、大嘗会辰日の節会の劈頭でも行われて、太古以来の伝統は護持された。

その中核となる大嘗宮の儀は深夜ひめやかに行われるが、その淵源を尋ねるならば、日本列島の津々浦々に至るまでの邑落の共同体で、また家々でも行われたニイナメ儀礼に発し、ニイナメ儀礼は、およそ米を主食とする日本人にとって、生命の根源、いのちのおやを称え、みおやの神より生命の根（いね）を授かることを象徴化した精神の営みであった。弥生時代以来一筋に稲によって生かされて来た我が国の民は、この稲の収穫を神よりの賜りものとしていただき、これを身に体して我が命を養ったのである。それが村々里々の鎮守氏神の祭りであった。その全国に広く行われた民間土俗のニイナメの祭りを統合して瑞穂の国の祭政の責任者である天皇の行われるのが宮廷の新嘗祭であり、その御一代初の儀が大嘗祭であった。それはそのまま日本文化の核心であり、民族の生命の根源となるものであった。

米作りと原古の祭り

今日、米作りは曲がり角に来ていると言われている。安い輸入米との価格差の問題も有るが、農業人口が九〇パーセント以上であった戦前の我が国と異なって、既に職業も多様化している上、未来の農業はバイオテクノロジーによる工場での生産に主流が移ろうとしている昨今、大嘗祭や新嘗祭のような農耕祭祀が意味があるのか、という疑問は有り得るであろう。文明の進歩、技術革新によって生産形態も大きく変わり、あるいは国際化時代の到来によって生活様式も変化した時代に、稲作りの祭りがどうのと、太古さながらの様式を繰り返していたのでは時代錯誤も甚だしいのではないか、それでは世界の進展に取り残されはしないか、そういう疑念を持つものもあって不思議ではない。だが、果たしてそうであろうか。

たしかに今では「手肱《たなひぢ》に水沫《みなわ》かき垂《た》り、向股《むかもも》に泥《ひぢ》かき寄せて取り作らむ奥《おき》つ御年《みとし》(祈年祭祝詞)」といったような稲作りの労働は、耕運機によって既に昔の語り草となって久しい。いまや植え付け、除草、刈り取り、脱穀等一切の作業は機械で済ませることができる。先端産業はLSIから超LSIへと進歩の度を加えて止どまるところを知らない。しかしその行き着くところは決して幸福な生活が約束されているとは限らないことも万人の認めるところである。人間が便利のためにと作りだした物質によって予想もしなかった公害が生じていることにも明らかである。人間はこの事実を謙虚に受け止めて、自然のはからいにひれ伏して、慎み深く、自然に感謝する心と態度が要求される。技術が進歩し、世の中が便利になればなるほど、生命の根源に対する畏敬の念を以て、原始の時代から我々の祖先が慎み深く繰り返してきた精神の営みを大切に護り伝えていくことが何ものにもまして必要であろう。文明の進歩とは裏腹に、失われようとしている人間性を回復するのも、そうした原古の祭りの繰り返しの中に求められるものである。

二千年来、我々の父祖がそれによって生命を養ってきた米作りを中心とした祭りは日本の文化の核となるものであった。米は我々の父祖が二千年に亙って工夫と努力を積み重ねて今日のような高い生産性をあげることができるようになった。それが将来も日本人の主食であり続けるとは限らないかも知れないが、日本の風土と気候から言ってやはり米がもっとも高い生産性をもつことは間違いない。むしろ米作りによる生産が失われるとするなら、日本の文化は根底から崩壊する危険さえある。たとえバイオテクノロジーによる、生産形態の変化がいかなる農作物の生産を可能とするとも、少なくとも米は日本人の生命を養ってきた「生命の根（いね）」であった。それを神よりの賜り物として敬虔な慎みの態度を以て頂くという行為の中に無限の意味が含まれている。日本人は食べるという形而下の行為をも形而上の観念に高めてニイナメの儀礼とした。それは生命の根源に対する畏敬であり、物に感謝し、勤労を尊ぶ精神を育み、儒教の言葉を以て表現される種々の倫理徳目もこれを核として展開したのである。

日本文化の核

このニイナメ儀礼は伝統のままに国家儀礼として天皇が行われ、とくにご一代一度の大嘗祭はそのもっとも根源的な儀礼である点で、日本文化の核となるものであった。ホルトムが「それはまさしくこの国の文化遺産の一部をなすものである」といったのはこのことである。そこには一切の道徳の根源がある。それは、教えを垂れるといった形ではなく、天皇御親ら神の恵みに感謝し、神より新穀を頂かれて、皇祖とご一体となられるという神秘の儀であって、深夜ひめやかに行われるが、古来の文化伝統のもっとも根源的な儀礼であった。歴史を通じて一貫する日本民族の理想はこの一点に集約して象徴される。それは壮大なデモンストレーションでなくとも、その儀礼に秘められた文化伝統は、現代の合理主義社会の中で忘れ去られ失われようとしている父祖伝来の一切の道徳を追体験する機縁となるものであった。

日本のいのち

日本の社会のあらゆるものが変化し、文明がますます進歩して世の中がどのように様変わりしようとも、天皇の行われる大嘗祭だけは、太古さながらに始源の状態を維持しつつ祖型を反復して、原古の様式を伝えて行くことが、日本の生命《いのち》を護ることにほかならない。

同時にそれは、人間の生命の最も根源的な部分に対する反省を以て、今日の世界が文明によって喪失しようとしているものを取り戻す最も象徴的な儀礼として、未来に向かって示唆するところ多大なものがある。他のいかなるものが失われようともこの大嘗祭だけは失われてはならないぎりぎりの日本のいのちであることを重ねて思うのである。

資料

〔資料1〕

天神寿詞（中臣寿詞）

現御神止大八嶋国所レ知食須大倭根子天皇我御前仁、天神乃寿詞遠称辞定奉良久止申須。高天原仁神留坐須皇親神漏岐・神漏美乃命遠持天、八百万乃神等遠神集倍賜天、皇孫尊波、高天原仁事始天、豊葦原乃瑞穂乃国遠、安国止平介久所レ知食天、天都日嗣乃天都高御座仁御坐天、天都御膳乃長御膳乃遠御膳止、千秋乃五百秋仁、瑞穂遠平介久安介久由庭仁所レ知食止事依志奉氏、天降坐之後仁、中臣乃遠都祖天兒屋根命、皇御孫尊乃御前仁奉レ仕氏、天忍雲根神遠、天乃二上仁奉レ上氏、神漏岐・神漏美命乃前仁受給波里申氏、皇御孫尊乃御膳都水波、宇都志国乃水遠天都水止成立奉牟止申遠里事教給志仁依氏、天忍雲根神天乃浮雲仁乗氏、天乃二上仁上坐氏、神漏岐・神漏美命乃前仁申世波、天乃玉櫛遠事依奉氏、此玉櫛遠刺立氏、自二夕日一至二朝日照一氏萬、天都詔刀乃太詔刀言遠以氏告礼。如レ此告波、麻知波弱韮仁由都五百篁生出牟。自二其下一天乃八井出牟。此遠持天、天都水止所レ聞食止事依奉支。

如レ此依奉志任任仁、所レ聞食須由庭乃瑞穂遠、四国卜部等、太兆乃卜事遠持氏奉レ仕氏、悠紀仁近江国野洲主基仁丹波国氷上遠斎定氏、物部乃人等・酒造兒・酒波・粉走・灰焼・薪採・相作・稲実公等、大嘗会乃斎場仁持斎波利参来氏、今年十一月中都卯日仁、由志理・伊都志理持、恐美恐美毛清麻波利仁奉レ仕利、月内仁日時遠撰定氏、獻留悠紀・主基乃黒木・白木乃大御酒遠、大倭根子天皇我天都御膳乃長御膳乃遠御膳止、汁仁毛実仁毛、赤丹乃穂仁毛所レ聞食氏、豊明仁明御坐氏、天津社・国津社止称辞定奉留皇神等母、千秋五百秋乃相嘗仁相宇豆乃比奉利、堅磐常磐仁斎奉利氏、伊賀志御世仁栄志女奉利、自二康治元年一始氏、与二天地月日一共、照志明良志御坐事仁、本末不レ傾、茂槍乃中執持氏、奉レ仕留中臣祭主正四位上行二神祇大副一大中臣朝臣清親、寿詞遠称辞定奉久止申。又申久、天皇朝廷仁奉レ仕留親王・諸王・諸臣・百官人等、天下四方国乃百姓諸々集侍氏、見食倍、尊食倍、歓食倍、聞食倍、天皇朝庭仁、茂世仁八桑枝乃如久立栄奉レ仕留倍支禱事乎所レ聞食止、恐美恐美毛申給波久止申。

〔「現《あき》つ御《み》神《かみ》と大八島国《おほやしまぐに》知《し》ろしめす大倭根子《おほやまとねこ》天皇《すめらみこと》が御前《みまへ》に、天《あま》つ神《かみ》の寿詞《よごと》を称辞定《たたえごとさだ》めまつらく」と申す。

「高天《たかま》の原に神留《かむづま》ります、皇親神《すめむつかむ》ろき・神ろみの命をもちて、八百万《やほよろづ》の神等《かみたち》を神集《かむつど》へたまひて、『皇孫《すめみま》の尊は、高天の原に事始めて、豊葦原の瑞穂《みつほ》の国を安国と平らけく知ろしめして、天つ日嗣《ひつぎ》の天つ高御座《たかみくら》に御坐《おほま》しまして、天つ御膳《みけ》の長御膳の遠御膳と、千《ち》秋《あき》の五百秋《いほあき》に、瑞穂を平らけく安らけく、斎庭《ゆには》に知ろしめせ』と事依《ことよ》さしまつりて、天《あま》降《くだ》しましし後《のち》に、中臣《なかとみ》の遠《とほ》つ祖《おや》天のこやねの命、皇御孫《すめみま》の尊の御前《みまへ》に仕へまつりて、天のおし雲《くも》ねの命を天の二上《ふたかみ》に上《のぼ》せまつりて、神ろき・神ろみの命の前《みまへ》に受けたまはり申して、『皇御孫の尊の御膳《みけ》つ水は、顕《うつ》し国の水に天つ水と成立て奉《まつ》らむと申すをり事《こと》教へたまひしによりて、天のおし雲ねの神、天の浮雲に乗りて、天の二上に上《のぼ》りまして、神ろき・神ろみの命の前《みまへ》に申せば、天の玉櫛《たまぐし》を事依《ことよ》さしまつりて、『この玉櫛を刺し立てて、夕日より朝日の照るに至るまで、天つ詔《のり》との太詔《ふとのり》と言《ごと》をもちて告《の》れ。かく告らば、まちは弱韮《わかひる》にゆつ五百《いほ》篁《たかむらお》生ひ出でむ。その下《しも》より天の八井《やゐ》出でむ。こを持ちて天つ水と聞こしめせ』と事依さしまつりき。

かく依さしまつりしまにまに聞《きこ》しめす斎庭《ゆには》の瑞穂《みづほ》を、四国《よくに》の卜部等《うらべども》、太兆《ふとまに》の卜事《うらごと》をもちて仕へまつりて、悠紀《ゆき》に近江《あふみ》の国《くに》の野洲《やす》、主基《すき》に丹波《たには》の国《くに》の氷上《ひがみ》を斎《いは》ひ定めて、物部《もののべ》の人等《ひとども》・酒造児《さかつこ》・酒波《さかなみ》・粉走《こばしり》・灰焼《はひやき》・薪採《かまぎこ》り・相作《あひづく》り・稲《いな》の実《み》の公等《きみら》、大嘗会《おほにへ》の斎庭《ゆには》に持《も》ち斎《ゆま》はり参《ま》ゐ来《き》て、今年《ことし》の十一月《しもつき》の中《なか》つ卯《う》の日《ひ》に、ゆしり・いつしりもち、恐《かしこ》み恐みも清《きよ》まはりに仕《つか》へまつり、月《つき》の内《うち》に日時《ひとき》を撰《えら》び定めて、献《たてまつ》る悠紀《ゆき》・主基《すき》の黒酒《くろき》・白酒《しろき》の大御酒《おほみき》を、大倭根子《おほやまとねこ》天皇《すめらみこと》が天つ御膳《みけ》の長御膳《ながみけ》の遠御膳《とほみけ》と、汁《しる》にも実《み》にも、赤丹《あかに》のほにも聞《きこ》しめして、豊の明《あか》りに明り御坐《おほま》しまして、天つ社・国つ社と称辞定《たたえごとさだ》めまつる皇神等《すめがみたち》も、千秋《ちあき》の五百秋《いほあき》の相嘗《あひにへ》にあひうづのひまつり、堅磐《かきは》に常磐《ときは》に斎《いは》ひまつりて、茂《いか》し御世に栄えしめまつり、康治《かうぢ》の元《はじめ》の年より始めて、天地《あめつち》月日と共に照らし明《あか》らし御坐《おほま》しまさむ事に、本末《もとすゑ》傾《かたぶ》かず茂《いか》し槍《ほこ》の中《なか》執《と》り持ちて仕へまつる、中臣《なかとみ》の祭主《いはひぬし》正《おほきよ》四つの位《くらゐ》の上《かみ》にして神祇《かみづかさ》の大副《おほきすけ》を行ふ大中臣《おほなかとみ》の朝臣《あそみ》清親《きよちか》、寿詞《よごと》を称辞定《たたえごとさだ》めまつらく」と申す。

また申さく、「天皇《すめら》が朝廷《みかど》に仕へまつれる、親王等《みこたち》・諸王《おほきみたち》・諸臣《まへつぎみたち》・百《もも》の官人等《つかさびとたち》、天《あめ》の下四方《よも》の国の百姓《おほみたから》、諸諸《もろもろ》集侍《うごな》はりて、見《み》たべ、尊《たふと》みたべ、歓《よろこ》びたべ、聞きたべ、天皇《すめら》が朝廷《みかど》に、茂《いか》し世《みよ》に、やくはえの如く立ち栄え仕へまつるべき禱事《よごと》を聞《きこ》しめせと、恐《かしこ》み恐みも申したまはく」と申す。

（岩波書店「日本古典文学大系」・青木紀元「祝詞古伝承の研究」による）

〔資料2〕

旧皇室典範（抜粋）

第二章　践祚即位

第一〇条　天皇崩スルトキハ皇嗣即チ践祚シ祖宗ノ神器ヲ承ク

第一一条　即位ノ礼及大嘗祭ハ京都ニ於テ之ヲ行フ

第一二条　践祚ノ後元号建テ一世ノ間ニ再ヒ改メサルコト明治元年ノ定制ニ従フ

〔資料3〕

日本国憲法（抜粋）

第一条　天皇は、日本国の象徴であり日本国民統合の象徴であつて、この地位は、主権の存する日本国民の総意に基く。

第二条　皇位は、世襲のものであつて、国会の議決した皇室典範の定めるところにより、これを継承する。

第三条　天皇の国事に関するすべての行為には、内閣の助言と承認を必要とし、内閣が、その責任を負ふ。

第七条　天皇は、内閣の助言と承認により、国民のために、左の国事に関する行為を行ふ。

一　憲法改正、法律、政令及び条約を公布すること。
二　国会を召集すること。
三　衆議院を解散すること。
四　国会議員の総選挙の施行を公示すること。
五　国務大臣及び法律の定めるその他の官吏の任免並びに全権委任状及び大使及び公使の信任状を認証すること。

六　大赦、特赦、減刑、刑の執行の免除及び復権を認証すること。
七　栄典を授与すること。
八　批准書及び法律の定めるその他の外交文書を認証すること。
九　外国の大使及び公使を接受すること。
十　儀式を行ふこと。

第二〇条　信教の自由は、何人に対してもこれを保障する。いかなる宗教団体も、国から特権を受け、又は政治上の権力を行使してはならない。
②　何人も、宗教上の行為、祝典、儀式又は行事に参加することを強制されない。
③　国及びその機関は、宗教教育その他いかなる宗教的活動もしてはならない。

第八九条　公金その他の公の財産は、宗教上の組織若しくは団体の使用、便益若しくは維持のため、又は公の支配に属しない慈善、教育若しくは博愛の事業に対し、これを支出し、又はその利用に供してはならない。

〔資料4〕

登極令（明治四十二年二月十一日）

皇室令第一号

登極令

第一条　天皇践祚ノ時ハ即チ掌典長ヲシテ賢所ニ祭典ヲ行ハシメ且践祚ノ旨ヲ皇霊殿神殿ニ奉告セシム

第二条　天皇践祚ノ後ハ直ニ元号ヲ改ム元号ハ枢密顧問ニ諮詢シタル後之ヲ勅定ス

第三条　元号ハ詔書ヲ以テ之ヲ公布ス

第四条　即位ノ礼及大嘗祭ハ秋冬ノ間ニ於テ之ヲ行フ大嘗祭ハ即位ノ礼ヲ訖リタル後続テ之ヲ行フ

第五条　即位ノ礼及大嘗祭ヲ行フトキハ其ノ事務ヲ掌理セシムル為宮中ニ大礼使ヲ置ク

大礼使ノ官制ハ別ニ之ヲ定ム

第六条　即位ノ礼及大嘗祭ヲ行フ期日ハ宮内大臣国務各大臣ノ連署ヲ以テ之ヲ公告ス

第七条　即位ノ礼及大嘗祭ヲ行フ期日定マリタルトキハ之ヲ賢所皇霊殿神殿ニ奉告シ勅使ヲシテ神宮神武天皇山陵並前帝四代ノ山陵ニ奉幣セシム

第八条　大嘗祭ノ斎田ハ京都以東以南ヲ悠紀ノ地方トシ京都以西以北ヲ主基ノ地方トシ其ノ地方ハ之ヲ勅定ス

第九条　悠紀主基ノ地方ヲ勅定シタルトキハ宮内大臣ハ地方長官ヲシテ斎田ヲ定メ其ノ所有者ニ対シ新穀ヲ供納スルノ手続ヲ為サシム

第十条　稲実成熟ノ期ニ至リタルトキハ勅使ヲ発遣シ斎田ニ就キ抜穂ノ式ヲ行ハシム

第十一条　即位ノ礼ヲ行フ期日ニ先タチ天皇神器ヲ奉シ皇后ト共ニ京都ノ皇宮ニ移御ス

第十二条　即位ノ礼ヲ行フ当日勅使ヲシテ之ヲ皇霊殿神殿ニ奉告セシム大嘗祭ヲ行フ当日勅使ヲシテ神宮皇霊殿神殿並官国幣社ニ奉幣セシム

第十三条　大嘗祭ヲ行フ前一日鎮魂ノ式ヲ行フ

第十四条　即位ノ礼及大嘗祭ハ附式ノ定ムル所ニ依リ之ヲ行フ

第十五条　即位ノ礼及大嘗祭訖リタルトキハ大饗ヲ賜フ

第十六条　即位ノ礼及大嘗祭訖リタルトキハ天皇皇后ト共ニ神宮神武天皇山陵並前帝四代ノ山陵ニ謁ス

第十七条　即位ノ礼及大嘗祭訖リテ東京ノ宮城ニ還幸シタルトキハ天皇皇后ト共ニ皇霊殿神殿ニ謁ス

第十八条　諒闇中ハ即位ノ礼及大嘗祭ヲ行ハズ

附式

第一編　践祚ノ式

○賢所ノ儀三日間之ヲ行フ但シ第二日第三日ノ儀ハ御告文ナシ

時刻御殿ヲ装飾ス

次ニ御扉ヲ開ク

次ニ神饌色月時ニ臨ミ之ヲ定ム、以下神饌又ハ幣物ニ付キ別ニ分注ヲ施ササルモノハ皆之ニ倣フヲ供ス

次ニ掌典長祝詞ヲ奏ス

次ニ御鈴ノ儀アリ内掌典奉仕

次ニ天皇御代拝掌典長奉仕、衣冠単御告文ヲ奏ス

次ニ皇后御代拝掌典奉仕衣冠単

次ニ神饌ヲ徹ス

次ニ御扉ヲ閉ツ

次ニ各退下

○神霊殿神殿ニ奉告ノ儀

其ノ儀賢所第一日ノ式ノ如シ御鈴ノ儀ナシ

○剣璽渡御ノ儀

時刻賢所第一日ノ式ヲ行フト同時大勲位国務各大臣枢密院議長元帥便殿ニ班列ス

但シ服装通常服関係諸員亦同シ

次ニ出御（御通常服、御椅子ニ著御）

式部長官宮内大臣前行シ侍従長侍従侍従武官長侍従武官御後ニ候シ皇太子（又ハ皇太孫、以下之ニ倣フ）親王王供奉ス

次ニ剣璽渡御（侍従奉仕）国璽御璽之ニ従フ（内大臣秘書官捧持）

式部次官内大臣前行シ侍従武官扈従ス

次ニ内大臣剣璽ヲ御前ノ案上ニ奉安ス

次ニ内大臣国璽御璽ヲ御前ノ案上ニ安ク

次ニ入御

式部長官宮内大臣前行シ侍従剣璽ヲ奉シ侍従長侍従侍従武官長侍従武官御後ニ候シ皇太子親王王供奉ス

次ニ内大臣国璽御璽ヲ奉シテ（内大臣秘書官捧持）退下

次ニ各退下

（注意）天皇未成年ナルトキハ供奉員中親王ノ上ニ摂政ヲ加ヘ襁褓ニ在ルトキハ女官奉抱シ摂政奏扶ス以下之ニ倣フ

○践祚後朝見ノ儀

当日何時文武高官有爵者優遇者朝集所ニ参集ス（召スヘキ者ハ時ニ臨ミ之ヲ定ム、以下別ニ分注ヲ施サルモノハ皆之ニ倣フ）

但シ服装男子ハ大礼服正装正服服制ナキ者ハ通常礼服女子ハ中礼服関係諸員亦同シ
次ニ式部官前導諸員正殿ニ参進本位ニ就ク
次ニ式部官警蹕ヲ称フ
次ニ天皇（御正装）出御（御椅子ニ著御）
式部長官宮内大臣前行シ侍従剣璽ヲ奉シ侍従長侍従侍従武官長侍従武官御後ニ候シ
皇太子親王王供奉ス
次ニ皇后（御中礼服）出御（御椅子ニ著御）
皇后宮大夫前行シ女官御後ニ候シ皇太子妃（又ハ皇太孫妃以下之ニ倣フ）親王妃内親王王妃女王供奉ス
次ニ勅語アリ
次ニ内閣総理大臣御前ニ参進奉対ス
次ニ天皇皇后入御　供奉警蹕出御ノ時ノ如シ
次ニ各退下
（注意）天皇未成年ナルトキハ勅語ノ項ヲ「摂政御座ノ前面ニ参進東方ニ侍立シ勅語ヲ伝宣ス」トス

第二編　即位礼及大嘗祭ノ式

○賢所ニ期日奉告ノ儀

当日何時御殿ヲ装飾ス

時刻文武高官有爵者優遇者朝集所ニ参集ス

　但シ服装男子ハ大礼服正装正服服制ナキ者ハ通常礼服女子ハ中礼服袿袴ヲ以テ之ニ代フルコトヲ得関係諸員亦同シ式部職掌典部楽部職員中掌典長、掌典次長、掌典、楽官ハ衣冠単、其ノ他ハ布衣単

次ニ皇太子皇太子妃親王親王妃内親王王王妃女王綾綺殿ニ参入ス

次ニ天皇皇后綾綺殿ニ渡御

次ニ天皇ニ御服御束帯黄櫨染御袍、未成年ナルトキハ闕腋御袍、空頂御黒幘ヲ供ス侍従奉仕

次ニ天皇ニ御手水ヲ供ス同上

次ニ天皇ニ御笏ヲ供ス同上

次ニ皇后ニ御服御五衣、御小袿・御長袴ヲ供ス女官奉仕

次ニ皇后ニ御手水ヲ供ス同上

次ニ皇后ニ御檜扇ヲ供ス同上

　此ノ間供奉諸員皇太子、皇太子妃。親王、親王妃、内親王、王、王妃、女王、宮内大臣、侍従長、大礼使長官、式部長官、侍従、皇后宮大夫、大礼使次官、女官服装ヲ易フ男子ハ衣冠単、女子ハ袿袴

次ニ大礼使高等官著床

次ニ式部官前導諸員参進本位ニ就ク

次ニ御扉ヲ開ク　此ノ間神楽歌ヲ奏ス

次ニ神饌幣物ヲ供ス　此ノ間神楽歌ヲ奏ス

次ニ掌典長祝詞ヲ奏ス

次ニ天皇出御　式部長官宮内大臣前行シ侍従剣璽ヲ奉シ侍従長侍従侍従武官長侍従武官御後ニ候シ皇太子親王王大礼使長官供奉ス

次ニ皇后出御　皇后宮大夫前行シ女官御後ニ候シ皇太子妃親王妃内親王王妃女王大礼使次官供奉ス

次ニ天皇内陣ノ御座ニ著御侍従剣璽ヲ奉シ外陣ニ候ス

次ニ皇后内陣ノ御座ニ著御女官外陣ニ候ス

次ニ天皇御拝礼告文ヲ奏ス御鈴内掌典奉仕

次ニ皇后御拝礼

次ニ皇太子皇太子妃親王親王妃内親王王王妃女王拝礼

次ニ天皇皇后入御　供奉出御ノ時ノ如シ

次ニ諸員拝礼

次ニ幣物神饌ヲ撤ス　此ノ間神楽歌ヲ奏ス

次ニ御扉ヲ閉ツ　此ノ間神楽歌ヲ奏ス

次ニ各退下

（注意）天皇襁褓ニ在ルトキハ天皇皇后ニ関スル儀注ヲ除キ御扉ヲ開クノ前ニ「式部官前導摂政束帯及親王親王妃内親王王王妃女王参進本位ニ就ク」ノ項ヲ加ヘ掌典長祝詞ヲ奏スノ次ニ「御鈴ノ儀アリ内掌典奉仕」及「摂政拝礼御告文ヲ奏ス」ノ二項ヲ加フ

○皇霊殿神殿ニ期日奉告ノ儀

其ノ儀賢所ノ式ノ如シ御鈴ノ儀ナシ

○神宮神武天皇山陵並前帝四代ノ山陵ニ勅使発遣ノ儀

当日何時御殿ヲ裳飾ス　時刻大礼使高等官式部官著床

但シ服装小礼服礼装礼服通常礼服関係諸員式部職掌典部職員ヲ除ク亦同シ

次ニ内閣総理大臣著床

次ニ勅使衣冠単、帯剣、笏、鳥皮履著床

次ニ式部官警蹕ヲ称フ

次ニ出御御引直衣式部長官衣冠宮内大臣同上前行シ侍従同上御剣ヲ奉シ侍従長同上侍従同上侍従武官長侍従

武官御後ニ候ス

次ニ幣物御覧掌典長侍立

次ニ神宮参向ノ勅使ヲ召ス

次ニ御祭文ヲ勅使ニ授ク宮内大臣奉仕

次ニ勅語アリ勅使退キテ幣物ノ傍ニ立ツ

次ニ幣物ヲ辛櫃ニ納ム

次ニ勅使幣物ヲ奉シ殿ヲ辞ス　此ノ時式部官警蹕ヲ称フ

次ニ神武天皇山陵並前帝四代ノ山陵参向ノ勅使ヲ順次ニ召ス

次ニ御祭文ヲ勅使ニ授ク宮内大臣奉仕勅使退キテ幣物ノ傍ニ立ツ
次ニ幣物ヲ辛櫃ニ納ム
次ニ勅使幣物ヲ奉シ殿ヲ辞ス
　此ノ時式武官警蹕ヲ称フ
次ニ入御
　供奉警蹕出御ノ時ノ如シ
次ニ各退下
（注意）天皇襁褓ニ在ルトキハ天皇ニ関スル儀注ヲ除キ勅使著床ノ次ニ「摂政衣冠参進本位ニ就ク」及「摂政幣物ヲ検ス掌典長侍立」ノ二項ヲ加ヘ勅語ノ項ノ「勅語アリ」ヲ「摂政勅語ヲ伝宣ス」トス

○神宮ニ奉幣ノ儀

其ノ儀神宮祭式ニ依ル

○神武天皇山陵並前帝四代山陵ニ奉幣ノ儀

其ノ儀皇室祭祀令附式中山陵ニ奉幣ノ式ノ如シ

○斎田点定ノ儀

当日何時神殿ヲ裳飾ス　時刻大礼使高等官著床
　但シ服装神宮其ノ他山陵ニ勅使発遣ノ儀ニ同シ式部職楽部職員ハ布衣単

次ニ御扉ヲ開ク　此ノ間神楽歌ヲ奏ス
次ニ神饌ヲ供ス　此ノ間神楽歌ヲ奏ス
次ニ掌典長祝詞ヲ奏ス
次ニ斎田点定ノ儀アリ
次ニ神饌ヲ撤ス　此ノ間神楽歌ヲ奏ス
次ニ御扉ヲ閉ツ　此ノ間神楽歌ヲ奏ス
次ニ各退下
其ノ儀賢所ノ式ノ如シ御鈴ノ儀ナシ

○斎田抜穂ノ儀

当日何時斎場ヲ装飾ス　時刻大礼使高等官地方高等官著床
　但シ服装神宮其ノ他山陵ニ勅使発遣ノ儀ニ同シ
次ニ抜穂使衣冠単随員布衣単ヲ従へ斎場ニ参進本位ニ就ク
次ニ神饌幣物ヲ供ス抜穂使随員奉仕
次ニ抜穂使祝詞ヲ奏ス
次ニ抜穂ノ儀アリ
次ニ幣物神饌ヲ撤ス抜穂使随員奉仕
次ニ各退下

○京都へ行幸ノ儀

当日何時賢所御殿ヲ装飾ス　時刻大礼使高等官著床

但シ服装大礼服正装正服関係諸員亦同シ（式部職掌典部楽部職員中掌典長、掌典次長、掌典、楽官ハ衣冠単、其ノ他ハ布衣単）

次ニ御扉ヲ開ク　此ノ間神楽歌ヲ奏ス

次ニ神饌ヲ供ス　此ノ間神楽歌ヲ奏ス

次ニ掌典長祝詞ヲ奏ス

次ニ天皇御代拝（侍従奉仕、衣冠単、以下天皇御代拝ノ項ニ於テ別ニ分注ヲ施サヽルモノハ皆本儀ニ同シ）

次ニ皇后御代拝（女官奉仕、袿袴、以下皇后御代拝ノ項ニ於テ別ニ分注ヲ施サヽルモノハ皆本儀ニ同シ）

次ニ神饌ヲ撤ス　此ノ間神楽歌ヲ奏ス

次ニ御車ヲ御殿ノ南階ニ輦ス

次賢所御車ニ乗御（掌典奉仕）

時刻文武高官有爵者優遇者並夫人停車場ニ参集ス

但シ服装男子ハ大礼服正装正服服制ナキ者ハ通常礼服女子ハ通常服関係諸員亦同シ

（鹵簿ニ奉仕スル掌典長、掌典ハ衣冠単、帯剣）

次ニ皇太子皇太子妃親王親王妃内親王王王妃女王停車場ニ参著ス

次ニ賢所御車宮城出御

天皇皇后宮城御出

鹵簿ハ第一公式ヲ用キ供奉諸員中ニ大礼使高等官掌典長掌典ヲ加フ

次ニ停車場ニ著御　此ノ時諸員奉迎

次ニ御発軔　此ノ時諸員奉送

次ニ京都ニ著御　此ノ時在京都親王親王妃内親王王王妃女王文武高官有爵者優遇者並夫人服装奉送諸員ニ同シ　停車場ニ奉迎ス

次ニ停車場出御　鹵簿宮城出御ノ時ノ如シ

次ニ皇宮ニ著御

〇賢所春興殿ニ渡御ノ儀

当日何時御殿ヲ装飾ス　時刻大礼使高等官著床但シ服装京都ニ行幸ノ儀ニ於ケル賢所著床ノ時ノ如シ

次ニ賢所殿内ニ渡御掌典奉仕

次ニ神饌ヲ供ス

次ニ掌典祝詞ヲ奏ス

次ニ天皇御代拝

次ニ皇后御代拝

次ニ神饌ヲ撤ス

次ニ御扉ヲ閉ツ

次ニ各退下

○即位礼当日皇霊殿神殿ニ奉告ノ儀

当日何時御殿ヲ装飾ス　時刻大礼使高等官著床

但シ服装大礼服白下衣袴正装正服関係諸員亦同シ式部職掌典部職員中掌典次長、掌典、楽官ハ衣冠単、其ノ他ハ布衣単

次ニ御扉ヲ開ク　此ノ間神楽歌ヲ奏ス

次ニ神饌幣物ヲ供ス　此ノ間神楽歌ヲ奏ス

次ニ掌典次長祝詞ヲ奏ス

次ニ勅使侍従奉仕、束帯　拝礼御祭文ヲ奏ス

次ニ皇后宮使女官奉仕、五衣、唐衣、裳拝礼

次ニ諸員拝礼

次ニ幣物神饌ヲ撤ス　此ノ間神楽歌ヲ奏ス

次ニ御扉ヲ閉ツ　此ノ間神楽歌ヲ奏ス

次ニ各退下

○即位当日賢所大前ノ儀

当日早旦御殿ヲ装飾ス

其ノ儀本殿ノ簾幌並壁代ヲ更メ内陣ノ中央ニ天皇ノ御座短帖ヲ設ク側に劒璽ノ案ヲ安ク其ノ東方ニ皇后ノ御座短帖ヲ設ク

時刻建礼門及建春門ヲ開ク皇宮警部之ヲ警固ス

時刻文武高官有爵者優遇者並夫人及外国交際官並夫人朝集所ニ参集ス

但シ服装男子ハ大礼服白下衣袴正装正服服制ナキ者ハ通常礼服女子ハ大礼服関係諸員亦同シ式部職掌典部楽部職員中掌典長、掌典ハ束帯（纔著）、楽官其ノ他ハ衣冠単

次ニ皇太子皇太子妃親王親王妃内親王王王妃女王宜陽殿ニ参入ス

次ニ天皇皇后宜陽殿ニ渡御

次ニ天皇ニ御服御束帯帛御袍、未成年ナルトキハ空頂御黒幘ヲ供ス侍従奉仕

次ニ天皇ニ御手水ヲ供ス同上

次ニ天皇ニ御笏ヲ供ス同上

次ニ皇后ニ御服御五衣、御唐衣、御裳ヲ供ス女官奉仕

次ニ皇后ニ御手水ヲ供ス同上

次ニ皇后ニ御檜扇ヲ供ス同上

此ノ間供奉諸員皇太子、皇太子妃、親王、親王妃、内親王、王、王妃、女王、宮内大臣、内大臣、侍従長、大礼使長官、式部長官、侍従、皇后宮大夫、大礼使次官、式部次官、女官服装ヲ易フ男子ハ束帯（纔著）、帯劒、女子ハ五衣、唐衣、裳

次ニ儀仗兵建礼門外並建春門外ニ整列ス

次ニ大礼使高等官左右各三人南門外掖ニ参進衛門ノ本位ニ就ク

但シ服装束帯冠巻緌緌、縹袍（闕腋纔著）錦裲襠、錦摂腰単、下襲、半臂、大口、表袴、白布帯、緋脛巾劒平緒ヲ附ス平胡籙箭ヲ挿ム弓絲鞋

次ニ大礼使高等官左右各一人同判任官左右各六人ヲ率ヰ司鉦司鼓ノ本位ニ就ク

但シ服装高等官ハ束帯冠垂纓、緋袍（縫腋）、単、下襲（纔著）、大口、表袴、石帯剣平緒ヲ附ス 韡判任官ハ束帯冠細纓緌、袍袍（闕腋纔著）、単、白布袴、白布帯、白布脛巾剣平緒ヲ附ス 絲鞋

次ニ大礼使高等官左右各二十人威儀物太刀八口両面（錦嚢ニ納ル）、弓八張（赤色綾嚢ニ納ル）、壺胡籙八具（紫色綾嚢ニ納ル）、桙八竿、楯八枚ヲ捧持シ参進本位ニ就ク

但シ服装束帯冠垂纓、袍（縫腋）、単、下襲（纔著）、大口、表袴剣、平緒ヲ附ス 韡太刀捧持者ハ黒袴、弓及胡籙持者ハ緋袍、桙及楯持者ハ緋袍

次ニ大礼使高等官左右各十人参進威儀ノ本位ニ就ク

但シ服裳束帯冠巻纓緌、袍（闕腋纔著）、桂甲、肩当、錦摂腰単、大口、表袴、白布帯 剣平緒ヲ附ス 胡籙箭ヲ挿ム弓韡前列者ハ黒袍、平胡籙、後列者ハ緋袍、壺胡籙

次ニ大礼使高等官前導朝集所ニ参集ノ諸員参進本位ニ就ク

次ニ鉦及鼓ヲ撃ツ各三下 諸員列立

次ニ御扉ヲ開ク 此ノ間神楽歌ヲ奏ス

次ニ神饌折敷高坏六基、折櫃四十合 幣物ヲ供ス 此ノ間神楽歌ヲ奏ス

次ニ掌典長祝詞ヲ奏ス

次ニ天皇出御

式部長官宮内大臣前行シ侍従劒璽ヲ奉シ侍従長侍従侍従武官長侍従武官御後ニ候シ

皇太子親王王内閣総理大臣内大臣大礼使長官供奉ス

次ニ皇后出御

式部次官皇后宮大夫前行シ女官御後ニ候シ皇太子皇太子妃親王妃内親王王妃女王大礼使次官供奉ス
次ニ天皇内陣ノ御座ニ著御侍従剣璽ヲ案上ニ奉安ス
次ニ皇后内陣ノ御座ニ著御
皇太子皇太子妃親王親王妃内親王王王妃女王南廂ニ侍立シ内閣総理大臣宮内大臣内大臣侍従長式部長官侍従皇后宮大夫式部次官女官其ノ後ニ侍立ス侍従武官長侍従武官便宜ノ所ニ候ス
次ニ天皇御拝礼御告文ヲ奏ス御鈴内掌典奉仕
次ニ皇后御拝礼
次ニ皇太子皇太子妃親王親王妃内親王王王妃女王拝礼
次ニ天皇皇后入御　供奉出御ノ時ノ如シ
次ニ諸員拝礼
次ニ幣物神饌ヲ撤ス　此ノ間神楽歌ヲ奏ス
次ニ御扉ヲ閉ツ　此ノ間神楽歌ヲ奏ス
次ニ鉦及鼓ヲ撃ツ各三下
次ニ各退下
（注意）天皇襁褓ニ在ルトキハ皇太后皇太后ナキトキハ内親王又ハ親王妃奉抱シ御座ニ著御女官外陣ニ候ス

皇太后ノ御服ハ皇后ニ同シ御告文ハ摂政東(纔著)帯御座ノ傍ニ参進之ヲ奏ス

○即位礼当日紫宸殿ノ儀

当日早旦御殿ヲ装飾ス

其ノ儀本殿ノ南栄ニ日像五綵瑞雲ヲ副フノ繡帽額ヲ懸ク母屋ノ中央南面ニ三層継壇黒漆ヲ立テ高御座ヲ安ク其ノ蓋上中央ノ頂ニ大鳳形金色一翼、棟上ノ八角ニ小鳳形金色各一翼、搏風毎角瑞雲ヲ絵クノ上南北二角ニ大鏡各一面小鏡各四面毎鏡両傍ニ金彫鏤ノ八花形及唐草形ヲ立テ各白玉ヲ嵌入ス其ノ他ノ六角ニ大鏡各一面両傍ニ金銅彫鏤ノ八花形及唐草形ヲ立テ各白玉ヲ嵌入ス小鏡各面ヲ立ツ蓋下ノ中央ニ大円鏡一面、棟下ノ八角ニ玉旛各一旒、其ノ内面ニ御帳、深紫色小葵形綾、裏緋色帛御帳ノ上層ニ金銅彫鏤ノ唐草形帽額及蛇舌ヲ懸ク壇上第一層及第二層ニ赤地錦ヲ敷キ第三層ニ青地錦ヲ敷キ其ノ上ニ繧繝縁畳二枚、大和錦縁竜鬢土敷一枚、大和軟錦毯代一枚ヲ累敷シ御椅子ヲ立テ左右ニ螺鈿案各一脚ヲ安ク継壇ノ下南東西三面ニ両面錦ヲ敷キ其ノ北階ノ下ヨリ後房ニ至ル間筵道ヲ敷ク

高御座ノ東方ニ皇后ノ御座ヲ設ク其ノ儀三層継壇黒漆ヲ立テ御帳台八角、棟端ヲ蕨手ニ作ルヲ安ク其ノ蓋上中央ノ頂ニ霊鳥形金色一翼ヲ立テ棟下ノ八角ニ玉旛各一旒其ノ内面ニ御帳浅紫色小葵形綾、裏緋色帛ヲ懸ク其ノ他ノ装飾高御座ニ準ス

軒廊ノ後面ニ綵綾軟障ヲ作リ前面ニ青簾ヲ懸ク

南庭桜樹ノ南方ニ日像纛旛赤地錦ニ日像ヲ繡シ纛竿ニ懸ク一旒、橘樹ノ南方ニ月像纛旛白地錦ヲ月像ヲ繡シ纛竿ニ懸ク一旒ヲ樹ツ

日像纛旛ノ南ニ頭八咫烏形大錦旛（五形瑞雲ノ錦ニ頭八咫烏形ヲ繡シ戟竿ニ懸ク）一旒月像纛旛ノ南ニ霊鵄形大錦旛（五綵瑞雲ノ錦ニ金色霊鵄ヲ繡シ戟竿ニ懸ク）一旗、菊花章中錦旛（青地錦、黄地錦、赤地錦、白地錦、紫地錦各一旗、金糸ヲ以テ菊花章ヲ繡シ戟竿ニ懸ク）菊花章小錦旛（同上）左右各五旒、順次之ヲ樹ツ大錦旛ノ前面ニ万歳旛（赤地錦、上ニ厳瓮及魚形ヲ繡シ下ニ金泥ヲ以テ万歳ノ二字ヲ書シ戟竿ニ懸ク）左右一旒ヲ樹テ小錦旛ノ時面ニ鉦鼓（火焔台ニ懸ク）左右各三面桙（金鐶、黒漆柄、赤色錦旛、金繡鞆絵）左右各十竿ヲ布列ス

時刻儀仗兵建礼門外並建春門外ニ整列ス

時刻文武高官有爵者優遇者並夫人及外国交際官並夫人日華門外並承明門外ニ列ス（両門外ニ列立スル者ノ区別ハ時ニ臨ミ之ヲ定ム）

但シ服装賢所大前ノ儀ノ如シ関係諸員ノ服装同儀ニ於テ各別ニ注記シタルモノ亦同シ

次ニ礼使高等官三十人、承明門、日華門、月華門、（以上左右各三人）長楽門、永安門（以上左右各二人）及左掖門、右掖門（以上左右各一人）ノ外掖壇下ニ参進衛門ノ本位ニ就ク

次ニ大礼使高等官左右各一人同判任官左右各六人ヲ率ヰ日華門及月華門ヨリ参入シ司鉦司鼓ノ本位ニ就ク

次ニ大礼使高等官左右各二十人威儀物ヲ捧持シ日華門及月華門ヨリ参入シ中錦旛ノ前面ニ参進本位ニ就ク

次ニ大礼使高等官左右各十人日華門及月華門ヨリ参入シ南庭桜橘ノ前面ニ参進威儀ノ本位ニ就ク

次ニ鉦及鼓ヲ撃ツ各三下諸員列立

次ニ大礼使高等官前導門外列立ノ諸員殿上ノ東廂又ハ軒廊ニ参進東廂参進者ハ日華門ヨリ入リ軒廊参進者ハ承明門東西両廂ヨリ入ル各其ノ本位ニ就ク

次ニ式部長官式部次官殿上ノ南廂ニ参進本位ニ就ク式部官帯剱東帯之ニ従フ

次ニ大礼使長官大礼使次官殿上ノ南廂ニ参進式部長官式部次官ノ上班ニ就ク

次ニ内閣総理大臣宮内大臣殿上ノ南廂ニ参進大礼使長官大礼使次官ノ上班ニ就ク

次ニ皇太子親王王高御座前面ノ壇下ニ参進本位ニ就ク

次ニ式部官警蹕ヲ称フ

次ニ天皇御服所ニ期日奉告ノ儀ニ同シ、以下天皇ノ御服ニ付キ別ニ分注ヲ施サヽルモノハ皆之ニ倣フ高御座北階ヨリ昇御侍従劒璽ヲ御帳中ノ案上ニ奉安シ御笏ヲ供ス

内大臣高御座ニ昇リ御帳外東北隅ニ候シ侍従長侍従侍従武官長侍従武官高御座後面ノ壇下ニ侍立ス

次ニ皇后御服即位礼当日賢所大前ノ儀ニ同シ、以下皇后ノ御服ニ付キ別ニ分注ヲ施サヽルモノハ皆之ニ倣フ御帳台北階ヨリ昇御女官御檜扇ヲ供ス

皇太子妃親王妃内親王王妃女王御帳台前面壇下ニ参進本位ニ就キ皇后宮大夫女官御帳台ノ後面ノ壇下ニ侍立ス

次ニ侍従二人分進高御座ノ東西両階ヨリ壇上ニ昇リ御帳ヲ搴ク訖テ座ニ復ス

次ニ女官二人分進御帳台ノ東西両階ヨリ壇上ニ昇リ御帳ヲ搴ク訖テ座ニ復ス

次ニ天皇御笏ヲ端シ立御
次ニ皇后御檜扇ヲ執リ立御
次ニ諸員最敬礼
次ニ内閣総理大臣西階ヲ降リ南庭ニ北面シテ立ツ
次ニ勅語アリ
次ニ内閣総理大臣南階ヲ昇リ南栄ノ下ニ於テ寿詞ヲ奏シ南階ヲ降ル
次ニ内閣総理大臣万歳旛ノ前面ニ参進万歳ヲ称フ三声諸員之ニ和ス訖テ西階ヲ昇リ座ニ復ス
次ニ天皇皇后入御　警蹕出御ノ時ノ如シ
次ニ鉦及鼓ヲ撃ツ各三下
次ニ各退下
(注意) 天皇襁褓ニ在ルトキハ皇太后皇太后ナキトキハ内親王又親王妃奉抱シ高御座帳内ニ御シ女官御帳外壇上西北隅ニ候ス皇太后ノ御服ハ皇后ニ同シ天皇未成年ナルトキハ摂政束帯纔著御帳外壇上東北隅ニ候シ内大臣ノ上班ニ就ク又勅語ノ項ヲ「摂政御帳ノ前面ニ参進勅語ヲ伝宣ス」トス
〇即位礼後一日賢所御神楽ノ儀
当日何時御殿ヲ装飾ス

時刻文武高官有爵者優遇者並夫人朝集所ニ参集ス

　但シ服装賢所ニ期日奉告ノ儀ニ同シ

次ニ皇太子皇太子妃親王親王妃内親王王王妃女王宜陽殿ニ参入ス

次ニ天皇皇后宜陽殿ニ渡御 以下天皇ニ御服、御手水、御笏、皇后ニ御服、御手水、御檜扇ヲ供シ及供奉諸員服装ヲ易フルノ儀アリ総テ賢所ニ期日奉告ノ儀ニ同キヲ以テ今其ノ項ヲ掲ケス但シ供奉員中皇族女子ノ服装ハ五衣、小袿、長袴トス

次ニ大礼使高等官著床

次ニ大礼使高等官前導諸員参進本位ニ就ク

次ニ御扉ヲ開ク　此ノ間神楽歌ヲ奏ス

次ニ神饌幣物ヲ供ス　此ノ間神楽歌ヲ奏ス

次ニ掌典長祝詞ヲ奏ス

次ニ天皇出御

　式部長官宮内大臣前行シ侍従劒璽ヲ奉シ侍従長侍従侍従武官長侍従武官御後ニ候シ皇太子親王王内大臣大礼使長官供奉ス

次ニ皇后出御

　式部次官皇后宮大夫前行シ女官御後ニ候シ皇太女妃親王妃内親王王妃女王大礼使次官供奉ス

次ニ天皇内陣ノ御座ニ著御侍従劒璽ヲ案上ニ奉安ス

次ニ皇后内陣ノ御座ニ著御
次ニ天皇御拝礼御鈴内掌典奉仕
次ニ皇后御拝礼
次ニ皇太子皇太子妃親王親王妃内親王王王妃女王拝礼
次ニ御神楽
次ニ天皇皇后入御　供奉出御ノ時ノ如シ
次ニ諸員拝礼
次ニ幣物神饌ヲ撤ス　此ノ間神楽歌ヲ奏ス
次ニ御扉ヲ閉ツ　此ノ間神楽歌ヲ奏ス
次ニ各退下

〇大嘗祭前一日鎮魂ノ儀

其ノ儀皇室祭祀令附式中新嘗祭前一日鎮魂式ノ如シ
但シ大礼使高等官著床ス其ノ服装ハ総テ斎田点定ノ儀ニ同シ

〇神宮皇霊殿神殿並官国幣社ニ勅使発遣ノ儀

其ノ儀神武天皇山陵並前帝四代山陵ニ勅使発遣ノ式ニ準ス
但シ地方長官ニ勅使ヲ命ゼラレタル場合ニハ大礼使長官祭文並幣物ヲ奉受シ各地方庁ニ送致ス

○大嘗祭当日神宮ニ奉幣ノ儀

其ノ儀神宮ノ祭式ニ依ル

○大嘗祭当日皇霊殿神殿ニ奉幣ノ儀

其ノ儀即位礼当日皇霊殿神殿ニ奉告ノ式ニ準ス

○大嘗祭当日賢所大御饌供進ノ儀

当日早旦御殿ヲ装飾ス　時刻皇宮警部御殿ノ南門ヲ警固ス

次ニ大礼使高等官著床

但シ服装大礼服白下衣袴正装正服関係諸員亦同シ式部職掌典部楽部職員中掌典長、掌典次長掌典ハ束帯楽官其ノ他ハ衣冠単

次ニ御扉ヲ開ク　此ノ間神楽歌ヲ奏ス

次ニ神饌ヲ供ス　此ノ間神楽歌ヲ奏ス

次ニ掌典長祝詞ヲ奏ス

次ニ御鈴ノ儀アリ内掌典奉仕

次ニ天皇御代拝侍従奉仕束帯

次ニ皇后御代拝女官奉仕、五衣、唐衣、裳

次ニ諸員拝礼

次ニ神饌ヲ撤ス　此ノ間神楽歌ヲ奏ス

次ニ御扉ヲ閉ツ　此ノ間神楽歌ヲ奏ス

次ニ各退下

○大嘗宮ノ儀

当日早旦大嘗宮ヲ装飾ス　時刻外門ヲ開ク皇宮警部之ヲ警固ス

次ニ文武高官有爵者優遇者並夫人朝集所ニ参集ス

但シ服装即位礼当日賢所大前ノ儀ニ同シ女子ハ袿袴ヲ以テ大礼服ニ代フ

次ニ皇太子皇太子妃親王親王妃内親王王王妃女王頓宮ニ参著ス

次ニ天皇皇后頓宮ニ著御

時刻儀仗兵正門外ニ整列ス

次ニ大礼使高等官二十人南北両面神門左右各三人東西両面神門左右各二人ノ外掖ニ参進衛門ノ本位ニ就ク

但シ服装束帯冠巻纓緌、○袍（闕腋纔著）、単下襲、半臂、大口、表袴、石帯剣平緒ヲ附ス平胡籙箭ヲ挿ム弓、浅沓、小忌衣ヲ加ヘ日蔭蔓ヲ著ク

次ニ大礼使高等官左右各六人南面ノ神門内掖ニ参進威儀ノ本位ニ就ク

但シ服装束帯、冠巻纓緌、袍（縫腋）、単、下襲（纔著）、大口、表袴、石帯剣平緒ヲ附ス胡籙箭ヲ挿ム弓、浅沓、小忌衣ヲ加ヘ日蔭蔓ヲ著ク前列者ハ黒袍後列者ハ緋袍

次ニ悠紀主基両殿ノ神座ヲ奉安ス掌典長、掌典次長、掌典及掌典補ヲ率ヰ之ヲ奉仕ス、束帯（纔著、勅任官及四位以上ノ者ニ在リテハ黒袍、奏任官及五位ノ者ニ在リテハ緋袍、其ノ他ノ者ニ在リテハ縹袍）小忌衣ヲ加ヘ日蔭蔓ヲ著ク楽官亦同シ

次ニ繪服並鹿服案上ニ載スヲ各殿ノ神座ニ安ク掌典長奉仕

次ニ各殿ニ斎火ノ燈燎ヲ点ス掌典掌典補ヲ率キ之ヲ奉仕ス

此ノ時庭燎ヲ焼ク火炬手服装、冠細纓緌、桃花染布衫、白布単、白布袴、白布帯、皁脛巾、麻鞋、

○悠紀殿供饌ノ儀

時刻天皇廻立殿ニ渡御

次ニ小忌御湯ヲ供ス侍従奉仕

次ニ御祭服御幘（未成年ナルトキハ之ヲ供セス）、御斎衣、御下襲、御衵、御単、御表袴、御大口、御石帯、御襪ヲ供ス同上

次ニ御手水ヲ供ス同上

次ニ御笏ヲ供ス同上

此ノ間供奉諸員皇太子、親王、王、宮内大臣、内大臣、侍従長、大礼使長官、式部長官、侍従、式部官服装ヲ易フ束帯（纔著）、帯劔、小忌衣ヲ加ヘ日蔭蔓ヲ著ク

次ニ皇后廻立殿ニ渡御

次ニ御服ヲ供ス女官奉仕

次ニ御手水ヲ供ス同上

次ニ御檜扇ヲ供ス同上

此ノ間供奉諸員皇太子妃、親王妃、内親王、王妃、女王、皇后宮大夫、大礼使次官、式部次官、式部官、女官服装ヲ易フ男子ハ束帯（纔著）、帯劔、小忌衣ヲ加ヘ日蔭蔓ヲ著ク女子ハ五衣、唐衣、裳、小忌衣ヲ加ヘ日蔭糸並心葉ヲ著ク

次ニ大礼使高等官前導朝集所ニ参集ノ諸員南面ノ神門外ノ幄舎ニ参進本位ニ就ク

次ニ膳屋ニ稲春歌ヲ発シ（楽官奉仕）神饌ヲ調理ス（掌典掌典補ヲ率ヰ之ヲ奉仕ス）

次ニ本殿南庭ノ帳殿ニ庭積ノ机代物ヲ安ク（掌典掌典補ヲ率ヰ之ヲ奉仕ス）

次ニ掌典長本殿ニ参進祝詞ヲ奏ス

次ニ天皇本殿（廻立殿ヨリ悠紀殿ニ至ル廻廊下ノ御路ニ布単ヲ鋪キ其ノ上ニ葉薦ヲ鋪ク）ニ進御

　式部長官宮内大臣前行シ（侍従左右各一人脂燭ヲ秉ル）御前侍従剣璽ヲ奉シ御後侍従御菅蓋ヲ捧持シ御綱ヲ張ル侍従長侍従侍従武官長侍従武官御後ニ候シ皇太子親王王国務大臣枢密院議長内大臣大礼使長官供奉ス

　此ノ時掌典長本殿南階ノ下ニ候シ式部官左右各一人脂燭ヲ秉リ南階ノ下ニ立ツ

次ニ侍従剣璽ヲ奉シ南階ヲ昇リ外陣ノ幌内ニ参進剣璽ヲ案上ニ奉安シ西面ノ幌外ニ退下簀子ニ候ス

次ニ天皇外陣ノ御座ニ著御侍従長掌典長南階ヲ昇リ簀子ニ候ス

　此ノ時皇太子親王王国務各大臣以下供奉諸員本殿南庭小忌ノ幄舎ニ著床ス

次ニ皇后本殿南庭ノ帳殿ニ進御

　式部次官皇后宮大夫前行シ（式部官左右各一人脂燭ヲ秉ル）女官御後ニ候シ皇太子妃親王妃内親王王妃女王大礼使次官供奉ス

次ニ皇后帳殿ノ御座ニ著御女官殿外ニ候ス

　此ノ時皇太子妃親王妃内親王王妃女王其ノ他供奉諸員殿外小忌ノ幄舎ニ著床ス

次ニ大礼使高等官束帯（纔著）、帯劒、小忌衣ヲ加ヘ日蔭蔓ヲ著ク楽官ヲ率井本殿南庭ノ本位ニ就ク
次ニ悠紀ノ地方長官服装大礼使高等官ニ同シ楽官ヲ率井大礼使高等官ノ東方ノ本位ニ就ク
次ニ国栖ノ古風ヲ奏ス
次ニ悠紀地方ノ風俗歌ヲ奏ス
次ニ皇后御拝礼
次ニ皇太子皇太子妃親王親王妃内親王王王妃女王拝礼
次ニ諸員拝礼
次ニ皇后廻立殿ニ還御　供奉進御ノ時ノ如シ
次ニ皇太子親王王本殿ニ参進南階ヲ昇リ簀子ニ候ス
次ニ本殿南庭ノ廻廊ニ神饌ヲ行立ス

其ノ儀掌典補左右各一人脂燭ヲ秉リ掌典一人削木ヲ執ル同一人海老鰭盥槽ヲ執リ同一人多志良加ヲ執ル陪膳女官五衣、唐衣、裳、小忌衣ヲ加ヘ日蔭糸並心葉ヲ著ク一人御刀子筥ヲ執リ後取女官服装同上一人御巾子筥ヲ執ル女官白色帛画衣、唐衣、紅切袴、青摺襷、日蔭糸並心葉ヲ著ク、以下皆同シ一人神食薦ヲ執リ同一人御食薦ヲ執ル同一人御食薦ヲ執リ同一人御枚手筥ヲ執ル同一人御飯筥ヲ執リ同一人鮮物筥ヲ執ル同一人干物筥ヲ執リ同一人御菓子筥ヲ執ル掌典一人蚫汁漬ヲ執リ同一人海藻汁漬ヲ執ル掌典補二人空盞ヲ執リ同二人御羹八足机ヲ舁ク同二人御酒八足机ヲ舁キ同二人御粥八足机ヲ舁キ同二人御直会八足机ヲ舁ク

次ニ削木ヲ執レル掌典本殿南階ノ下ニ立チ警蹕ヲ称フ此ノ時神楽歌ヲ奏ス
次ニ天皇内陣ノ御座ニ着御皇太子親王王侍従長帯劒ヲ解ク掌典長外陣ノ幌内ニ参入奉侍ス
次ニ御手水ヲ供ス陪膳女官奉仕
次ニ神饌御親供
次ニ御拝礼御告文ヲ奏ス
次ニ御直会
次ニ神饌撤下陪膳女官奉仕
次ニ御手水ヲ供ス同上
次ニ神饌膳舎ニ退下　其ノ儀行立ノ時ノ如シ
次ニ廻立殿ニ還御供奉進御ノ時ノ如シ
次ニ各退下

（注意）天皇襁褓ニ在ルトキハ出御ナシ神饌ハ掌典長之ヲ供進ス供奉スヘキ諸員ハ直ニ小忌幄舎ニ著床ス

○主基殿供饌ノ儀

其ノ儀悠紀殿供饌ノ式ノ如シ

○即位礼及大嘗祭御大饗第一日ノ儀

当日早旦豊楽殿ヲ装飾ス

其ノ儀本殿ノ北廂ニ錦軟障（千年松山水ノ図）ヲ設ケ東北隅ニ悠紀地方風俗歌ノ屛風西北隅ニ主基地方風俗歌ノ屛風ヲ立ツ母屋ノ四面ニ壁代ヲ作リ之ヲ搴ケ其ノ中央ニ天皇ノ御座、（平鋪御座）東方ニ皇后ノ御座（平鋪御座）ヲ設ケ各御椅子並御台盤ヲ立ツ南東西三廂ノ周囲ニ青簾ヲ懸ケ之ヲ搴ケ其ノ内ニ諸員陪宴ノ第一座ヲ設ケ床子並台盤ヲ立ツ顕陽、承歓、観徳、明義各堂ノ後面ニ綵綾軟障ヲ設ケ前面ニ青簾ヲ懸ケ之ヲ搴ケ其ノ内ニ諸員陪宴ノ第二座ヲ分設シ床子並台盤ヲ立ツ南庭ノ中央ニ舞台ヲ構ヘ其ノ東南隅ニ楽官ノ幄ヲ設ク

時刻文武高官有爵者優遇者並夫人及外国交際官並夫人朝集所ニ参集ス

但シ服装即位礼当日賢所大前ノ儀ニ同シ各地ニ於テ饗饌ヲ賜フヘキ者亦同シ

次ニ儀鸞、逢春、承秋、嘉楽、高陽ノ各門ヲ開ク皇宮警部之ヲ警固ス

次ニ大礼使高等官前導諸員殿上ノ廂又ハ顕陽承歓観徳明義ノ各堂（廂及各堂ニ参進スル者ノ区別ハ時ニ臨ミ之ヲ定ム）ニ参進（殿上参進者ハ逢春門ヨリ入リ東階ヲ昇ル顕陽堂承歓堂参進者ハ嘉楽門ヨリ入リ観徳堂明義堂参進者ハ高陽門ヨリ入ル）各其ノ本ニ就ク

次ニ式部官警蹕ヲ称フ

次ニ天皇（御正装）出御　式部長官宮内大臣前行シ侍従剣璽ヲ奉シ侍従長侍従侍従武官長侍従武官御後ニ候シ皇太子親王王内大臣大礼使長官供奉ス

次ニ皇后（御大礼服）出御　式部次官皇后宮大夫前行シ女官御後ニ候シ皇太子妃親王妃内親王王妃女王大礼使次官供奉ス

次ニ天皇御座ニ著御侍従剣璽ヲ案上ニ奉安ス

次ニ皇后御座ニ著御

次ニ供奉員各本位ニ就ク

次ニ勅語アリ

次ニ内閣総理大臣奉対ス

次ニ外国交際官首席者奉対ス

次ニ天皇皇后ニ白酒黒酒ヲ供ス 侍従並女官奉仕

次ニ諸員ニ白酒黒酒ヲ賜フ

次ニ式部長官悠紀主基両地方献物ノ色目ヲ奏ス　此ノ時両地方ノ献物ヲ南栄ニ排列ス 内舎人奉仕

次ニ天皇皇后ニ御膳並御酒ヲ供ス 侍従並女官奉仕

次ニ諸員ニ膳並酒ヲ賜フ

次ニ久米舞ヲ奏ス

次ニ天皇皇后ニ御穀物ヲ益供ス 侍従並女官奉仕

次ニ諸員ニ穀物ヲ益賜ス

次ニ悠紀主基両地方ノ風俗舞ヲ奏ス

次ニ大歌及五節舞ヲ奏ス

次ニ天皇皇后ニ挿華ヲ供ス 侍従並女官奉仕

次ニ諸員ニ挿華ヲ賜フ

次ニ天皇皇后入御　供奉警蹕出御ノ時ノ如シ

次ニ各退下

当日文武官有爵者優遇者並夫人ニシテ召サレサル者ニハ各其ノ所在地ニ於テ饗饌ヲ賜フ

　但シ饗饌ヲ賜フヘキ者ノ範囲及其ノ場所ハ時ニ臨ミ之ヲ定ム

　（注意）天皇未成年ナルトキハ勅語ノ項ヲ「摂政御座ノ前面ニ参進シ東方ニ侍立シ

　勅語ヲ伝宣ス」トス

○即位礼及大嘗祭後大饗第二日ノ儀

当日何時文武高官有爵者優遇者並夫人及外国交際官並夫人二条離宮内ノ朝集所ニ参集ス

　但シ服装大饗第一日ノ儀ニ同シ

次ニ皇太子皇太子妃親王親王妃内親王王王妃女王二条離宮ニ参著ス

次ニ天皇皇后二条離宮ニ行幸啓

次ニ大礼使高等官前導諸員正寝ニ参進本位ニ就ク

次ニ天皇 御正服 皇后 御大礼服 出御　式部長官宮内大臣前行シ侍従長侍従侍従武官長侍従武官皇后宮大夫女官御後ニ候シ皇太子皇太子妃親王親王妃内親王王王妃女王大礼使長官供奉ス

次ニ天皇皇后御座ニ著御

次ニ陪宴スヘキ供奉員本位ニ就ク
次ニ賜宴　此ノ間奏楽
次ニ天皇皇后入御　供奉出御ノ時ノ如シ
次ニ各退下

○即位礼及大嘗祭後大饗夜宴ノ儀

時刻文武高官有爵者優遇者並夫人及外国交際官並夫人二条離宮内ノ朝集所ニ参集ス
但シ服装践祚後朝見ノ儀ニ同シ
次ニ大礼使高等官前導諸員正寝ニ参進本位ニ就ク
次ニ天皇（御正装）皇后（御中礼服）出御　式部長官宮内大臣前行シ侍従長侍従侍従武官長侍従武官皇后宮大夫女官御後ニ候シ皇太子皇太子妃親王親王妃内親王王王妃女王大礼使長官供奉ス
次ニ舞楽（万歳楽太平楽二曲）ヲ奏ス
次ニ賜宴　此ノ間奏楽
次ニ天皇皇后入御　供奉出御ノ時ノ如シ
次ニ各退下

○即位礼及大嘗祭後神宮ニ親謁ノ儀

当日何時頓宮出御
次ニ天皇板垣御門外ニ於テ御下乗　式部長官宮内大臣前行シ御前侍従劒璽ヲ奉シ御後侍

従御菅蓋ヲ捧持シ御綱ヲ張リ御笏筥ヲ奉ス侍従長侍従侍従武官長侍従武官御後ニ候シ
皇太子親王王内大臣大礼使長官供奉ス衣冠単但シ侍従武官長、侍従武官ハ正装正服、以下天皇供奉員ノ服装ニ付キ別ニ分注ヲ施サヽルモノハ皆本儀ニ同シ

次ニ皇后板垣御門外ニ於テ御下乗　皇后宮大夫前行シ式部官御菅蓋ヲ捧持シ御綱ヲ張リ
女官御檜扇筥ヲ奉シ御後ニ候ス皇太子妃親王妃内親王王妃女王大礼使次官供奉ス男子ハ衣冠単
女子ハ袿袴以下皇后供奉員ノ服装ニ付キ衣冠単、別ニ分注ヲ施サヽルモノハ皆本儀ニ同シ

次ニ外玉垣御門外ニ於テ天皇皇后ニ大麻御塩ヲ奉ル神宮禰宜奉仕

次ニ内玉垣御門内ニ於テ天皇皇后ニ御手水ヲ供ス侍従並女官奉仕　此ノ時祭主大少宮司正殿ノ御
扉ヲ開キ御幌ヲ搴ケ御供進ノ幣物ヲ殿内ノ案上ニ奉安シ御階ノ下ニ候ス

次ニ天皇瑞垣御門内ニ進御　掌典長衣冠単前行シ御前侍従剣璽ヲ奉シ御後侍従御菅蓋ヲ捧
持シ御綱ヲ張リ御笏筥ヲ奉ス侍従長御後ニ候ス供奉員中皇太子親王王ハ瑞垣御門外ニ
候シ其ノ他ノ諸員ハ内玉垣御門外ニ候ス

次ニ皇后瑞垣御門内ニ進御　掌典服装掌典長ニ同シ前行シ式部官御菅蓋ヲ捧持シ御鋼ヲ張リ女官御
檜扇筥ヲ奉シ御後ニ候ス供奉員中皇太子妃親王妃内親王王妃女王ハ瑞垣御門外ニ候シ
其ノ他ノ諸員ハ内玉垣御門外ニ候ス

次ニ天皇正殿ノ御階ヲ昇御大床ノ御座ニ著御侍従剣璽ヲ奉シ御階ノ下ニ候ス

次ニ皇后正殿ノ御階ヲ昇御大床ノ御座ニ著御

次ニ天皇御拝礼

次ニ皇后御拝礼
次ニ皇太子皇太子妃親王親王妃内親王王王妃女王拝礼
次ニ天皇皇后頓宮ニ還御供奉出御ノ時ノ如シ
次ニ諸員拝礼
次ニ各退下

（注意）天皇襁褓ニ在ルトキハ正殿御階ノ下マテ女官奉抱シ大床ノ御座ニ著御ノ時ハ皇太后皇太后ナキトキハ内親王又ハ親王妃奉抱御拝礼皇太后ノ御服ハ皇后ニ同シ以下ノ二儀之ニ倣フ

〇即位礼及大嘗祭後神武天皇山陵並前帝四代山陵ニ親謁ノ儀

当日早旦陵所ヲ装飾ス
時刻大礼使高等官著床
　但シ服装京都ニ行幸ノ儀ニ於ケル賢所著床ノ時ノ如シ
次ニ神饌幣物ヲ供ス　此ノ間奏楽
次ニ掌典長祝詞ヲ奏ス
次ニ天皇頓宮出御　式部長官宮内大臣前行シ侍従劒璽ヲ奉シ侍従長侍従侍従武官長侍従武官御後ニ候シ皇太子親王王内大臣大礼使長官供奉ス
次ニ皇后御五衣、御小袿御袴頓宮出御　皇后宮大夫前行シ女官御後ニ候シ皇太子妃親王妃内親王王妃、女王大礼使次官供奉ス

次ニ天皇御拝礼

次ニ皇后御拝礼

次ニ皇太子皇太子妃親王親王妃内親王王王妃女王拝礼

次ニ天皇皇后頓宮ニ還御　供奉出御ノ時ノ如シ

次ニ諸員拝礼

次ニ幣物神饌ヲ撤ス　此ノ間奏楽

次ニ各退下

○東京ニ還幸ノ儀

其ノ儀東都ニ行幸ノ式ニ準ス

○賢所温明殿ニ還御ノ儀

其ノ儀賢所春興殿ニ渡御ノ式ノ如シ

○東京還幸後賢所御神楽ノ儀

其ノ儀皇室祭祀令附式中賢所御神楽ノ式ノ如シ

但シ皇太子皇太子妃ニ関スル儀注ヲ除キ式部職掌典部楽部職員ノ服装大礼使高等官ノ著床及天皇皇后ノ供奉員ハ即位礼後一日賢所御神楽ノ式ニ依ル

○還幸後皇霊殿神殿ニ親謁ノ儀

当日早旦御殿ヲ装飾ス

時刻大礼使高等官著床

但シ服装大礼服正装正服関係諸員式部職掌典部職員ヲ除ク中男子亦同シ女子ハ通常服楽部職員ハ布衣単

次ニ御扉開ク　此ノ間神楽歌ヲ奏ス

次ニ神饌幣物ヲ供ス　此ノ間神楽歌ヲ奏ス

次ニ掌典長祝詞ヲ奏ス

次ニ天皇出御　式部長官宮内大臣前行シ侍従御劒ヲ奉シ侍従長侍従侍従武官長侍従武官御後ニ候シ皇太子親王王内大臣大礼使長官供奉ス

次ニ皇后御服賢所ニ期日奉告ノ儀ニ同シ出御　皇后宮大夫前行シ女官御後ニ候シ皇太子妃親王妃内親王王妃女王大礼使次官供奉ス

次ニ天皇内陣ノ御座ニ著御侍従御剣ヲ奉シ簀子ニ候ス

次ニ皇后内陣ノ御座ニ著御

次ニ天皇御拝礼

次ニ皇后御拝礼

次ニ皇太子皇太子妃親王親王妃内親王王王妃女王拝礼

次ニ天皇皇后入御　供奉出御ノ時ノ如シ

次ニ諸員拝礼

次ニ幣物神饌ヲ撤ス　此ノ間神楽歌ヲ奏ス

次ニ御扉ヲ閉ツ　此ノ間神楽歌ヲ奏ス

次ニ各退下

登極令　改正（昭和二年十二月三十日）

皇室令第十七号

登極令中左ノ通改正ス

附式中「式部次官」ヲ「式部次長」ニ改メ「正服」ヲ削ル

附式第一編践祚ノ式剣璽渡御ノ儀便殿班列ノ項但書中「通常服」ノ下ニ「通常礼装」ヲ加フ

同出御ノ項中分注ヲ左ノ如ク改ム

御通常礼装又ハ御通常服、御椅子ニ著御

同践祚後朝見ノ儀朝集所参集ノ項書中中礼服ノ下ニ左ノ分注ヲ加フ

袿袴ヲ以テ之ニ代フルコトヲ得

附式第二編即位礼及大嘗祭ノ式賢所ニ期日奉告ノ儀朝集所参集ノ項但書分注中「掌典長、掌典次長、掌典、楽官」ヲ「高等官」ニ改ム

同神宮神武天皇山陵並前帝四代ノ山陵ニ勅使発遣ノ儀大礼使高等官式部官著床ノ項但書ヲ左ノ如ク改ム

但シ服装小礼服礼装通常礼服関係諸員亦同シ（式部職掌典部高等官ハ衣冠）同幣物ヲ辛櫃ニ納ムノ項ニ左
ノ分注ヲ加フ

掌典奉仕

同神武天皇山陵並前帝四代山陵ニ奉幣ノ儀ニ左ノ但書ヲ加フ

但シ勅語ハ帯剣トシ式部職掌典部楽部職員ノ服装高等官ハ衣冠単、其ノ他ハ妃衣単
トス

同斎田点定ノ儀著床ノ項但書中分注ヲ左ノ如ク改ム

式部職掌典部楽部職員中高等官ハ衣冠其ノ他ハ布衣

同京都ニ行幸ノ儀著床ノ項但書分注中「掌典長、掌典次長、掌典、楽官」ヲ「高等官」

ニ改ム

同停車場参集ノ項書中通常服ノ下ニ左ノ分注ヲ加フ

袿袴ヲ以テ之ニ代フルコトヲ得

同賢所春興殿ニ渡御ノ儀神饌ヲ供スノ項及常典祝詞ヲ奏スノ項ヲ左ノ如ク改ム

次ニ神饌ヲ供ス

此ノ間神楽歌ヲ奏ス

次ニ掌典長祝詞ヲ奏ス

同神饌ヲ撤スノ項及御扉ヲ閉ツノ項ヲ左ノ如ク改ム

次ニ神饌ヲ撤ス

　此ノ間神楽歌ヲ奏ス

次ニ御扉ヲ閉ツ

　此ノ間神楽歌ヲ奏ス

同即位礼当日皇霊殿神殿ニ奉告ノ儀著床ノ項但書分添中「掌典次長、掌典、楽官」ヲ「高等官」ニ改ム

同即位礼当日賢所大前ノ儀朝集所参集ノ項但書ヲ左ノ如ク改ム

但シ服装男子ハ大礼服（白下袴衣）正装服制ナキ者ハ通常礼服女子ハ大礼服（袿袴ヲ以テ之ニ代フルコトヲ得）関係職員亦同シ（式部職掌典部楽部職員中高等官ハ束帯（纔著）其ノ他ハ衣冠単）

同皇后ニ御服ヲ供スノ項「御服」ノ下分注ヲ左ノ如ク改ム

（白色帛御五衣、同御唐衣、同御裳）

同皇后ニ御檜扇ヲ供スノ項分注中「女王」ノ下ニ「内閣総理大臣」ヲ加ヘ「帯剣」ヲ削ル

同威儀物捧持ノ項但書分注中「表袴」ノ下ニ「石帯」ヲ加フ同皇后内陣ノ御座著御ノ項中「南廂ニ侍立シ」ヲ「南廂ニ」ニ、「其ノ後ニ侍立ス」ヲ「其ノ後ニ候シ」ニ改メ「侍従長」ノ下ニ「大礼使長官」ヲ「皇后宮大夫」ノ下ニ「大礼使次官」ヲ加フ

同即位礼当日紫宸殿ノ儀日華門外並承明門外列立ノ項中「承明門」ヲ「月華門」ニ改メ

但書ノ末尾ニ左ノ分注ヲ加フ

供奉員中男子ハ帯剣

同諸員参進本位ニ就クノ項中「東廂」ヲ「東西両廂」ニ改メ分注ヲ削ル

同皇后昇御ノ項分注中「御服即位礼当日賢所大前ノ儀ニ同シ」ヲ「御五衣、御唐衣、御裳」ニ改ム

同内閣総理大臣万歳ヲ称フノ項ノ次ニ左ノ二項ヲ加フ

次ニ侍従二人分進高御座ノ東西両階ヨリ壇上ニ昇リ御帳ヲ垂ル訖テ座ニ復ス

次ニ女官二人分進御帳台ノ東西両階ヨリ壇上ニ昇リ御帳ヲ垂ル訖テ座ニ復ス

同神宮皇霊殿神殿並官国幣社ニ勅使発遣ノ儀但書中「祭文」ヲ「御祭文」ニ改ム

同大嘗祭当日賢所大御饌供進ノ儀著床ノ項但書中末尾ノ分注ヲ左ノ如ク改ム

式部職掌典部楽部職中高等官ハ束帯其ノ他ハ衣冠

同大嘗宮ノ儀装飾ノ項ヲ左ノ如ク改ム

当日早旦大嘗宮ヲ装飾ス

其ノ儀悠紀主基両殿ニ葦簾並布幌ヲ懸ケ南北両面神門外掖ニ神楯左右一枚神戟左右各二竿ヲ樹ツ

同朝集所参集ノ項但書中「袿袴ヲ以テ大礼服ニ代フ」ヲ「袿袴又ハ大礼服トス」ニ改ム

同威儀ノ本位ニ就クノ項但書分注中「(縫腋)」ヲ「(縫腋繸著)」ニ「(繸著)」ヲ「半

臂」ニ「単前列者ハ黒袍 後列者ハ緋袍」ヲ「前列者ハ黒袍平胡籙、後列者ハ緋袍壺胡籙」ニ改ム

同神座奉安ノ項分注中「楽官」ノ下ニ「ノ服装」ヲ加フ、同悠紀殿供饌ノ儀御笏ヲ供スノ項分注中「帯劔」ノ下ニ「(侍従長及御前侍従ヲ除ク)」ヲ加フ

同御服ヲ供スノ項中「御服」ノ下ニ左ノ分注ヲ加フ

即位礼当日賢所大前ノ儀ニ同シ

同神饌調理ノ項「楽官奉仕」ノ下ニ「稲春ヲ行ヒ女官（白色帛画衣、唐衣、紅切心、青褌、日蔭糸並袴葉ヲ著ク）奉仕」ヲ加フ

同皇太子親王王本殿参進ノ項ヲ削ル

同神饌行立ノ項「陪膳女官」ノ下分注中「五衣、唐衣、裳、小忌衣ヲ加ヘ」テ「白色帛画衣、唐衣、紅切袴、青摺袿」ニ改メ「御巾子筥ヲ執ル女官」ノ下分注ヲ左ノ如ク改ム

服装同上、以下皆同シ

同天皇内陣ノ御座著御ノ項中「皇太子親王王」及分注ヲ削ル

同皇后出御ノ項中分注ヲ左ノ如ク改ム

御服中装

同末項但書中「範囲」ノ下ニ「服装」ヲ加フ

同即位礼及大嘗祭後大饗第二日ノ儀朝集所参集ノ項以下三項ヲ左ノ如ク改ム

当日何時文武官等官有爵者優遇者並夫人及外国交際官並夫人朝集所ニ参集ス

但シ服装大饗第一日ノ儀ニ同シ

同天皇皇后出御ノ項中皇后ノ下分注ヲ左ノ如ク改ム

御中礼服

同即位礼及大嘗祭後大饗夜宴ノ儀朝集所参集ノ項中「二条離宮内ノ」ヲ削ル

同即位礼及大嘗祭後神宮ニ親謁ノ儀天書御下垂ノ項分注中「以下天皇供奉員ノ服装ニ付キ別ニ分注ヲ施サヽルモノハ皆本義ニ同シ」ヲ削ル

同皇后御下乗ノ儀分注中「以下皇后供奉員ノ服装ニ付キ別ニ分注ヲ施サヽルモノハ皆本義ニ同シ」ヲ削ル

同即位礼及大嘗祭神武天皇山陵並前帝四代山陵ニ親謁ノ儀皇后出御ノ項中分注ヲ削ル

同各退下ノ項次ニ左ノ注意書ヲ加フ

（注意）天皇皇后ノ御服及供奉員ノ服装ハ時ニ臨ミ之ヲ定ム

同還幸後皇霊殿神殿ニ親謁ノ儀著床ノ項但書ヲ左ノ如ク改ム

但シ服装京都ニ行幸ノ儀ニ於ケル賢所著床ノ時ノ如シ

同天皇出御ノ項中「御劒」ヲ「劒璽」ニ改メ末尾ニ左ノ分注ヲ加フ

衣冠単、但シ侍従武官長、侍従武官ハ正服

同皇后御ノ項ノ末尾ニ左ノ分注ヲ加フ

男子ハ衣冠単女子ハ袿袴

同天皇著御ノ項中「御劒」ヲ「剣璽」ニ「簀子」ヲ「外陣」ニ改ム

附則

本令ハ公布ノ日ヨリ之ヲ施行ス

〔資料5〕 践祚・即位・大嘗祭年表

践祚（受禅）、即位、大嘗祭一覧

天皇	践祚（受禅）	即位	大嘗祭	悠紀主基
神武		辛酉歳（前六六〇）正月朔庚辰		
綏靖		庚辰歳（前五八一）正月八日己卯		
安寧		壬歳（前五四九）七月三日乙丑		

懿徳	辛卯歳（前五一〇）二月四日壬子
孝昭	丙寅歳（前四七五）正月九日甲午
孝安	己丑歳（前三九二）正月七日辛卯
孝霊	辛未歳（前二九〇）正月十二日癸卯
孝元	丁亥歳（前二一四）正月十四日甲申
開化	癸未歳（前一五八）十一月十二日壬午
崇神	甲申歳（前九七）正月十三日甲午
垂仁	壬辰歳（前二九）正月二日戊寅
景行	辛未歳（七一）七月十一日己卯
成務	辛未歳（一三一）正月五日戊子
仲哀	壬申歳（一九二）正月十一日庚子
應神	庚寅歳（二七〇）正月朔丁亥
仁徳	癸酉歳（三一三）正月三日己卯

履中	庚子歳（四〇〇）二月朔壬午
反正	丙午歳（四〇六）正月二日戊寅
允恭	壬子歳（四一二）十二月
安康	癸巳歳（四五三）十二月十四日壬午
雄略	丙申歳（四五六）十一月十三日甲子
清寧	庚申歳（四八〇）正月十五日壬子
顕宗	乙丑歳（四八五）正月朔己巳
仁賢	戊辰歳（四八八）正月五日乙酉
武烈	戊寅歳（四九八）十二月
継体	丁亥歳（五〇七）二月四日甲午
安閑	継体天皇廿五年辛亥（五三一）二月七日丁未
宣化	乙卯歳（五三五）十二月
欽明	己未歳（五三九）十二月五日甲申

敏達		壬辰歳（五七二）四月三日甲戌		
用明		乙巳歳（五八五）九月五日戊午		
崇峻		丁未歳（五八七）八月二日甲辰		
推古		壬子歳（五九二）十二月八日己卯		
舒明		己丑歳（六二九）正月四日丙午		
皇極		壬寅歳（六四二）正月十五日辛未		
孝徳	大化元年乙巳歳（六四五）六月十四日庚戌受禅	同日		
斉明		乙卯歳（六五五）正月三日甲戌		
天智		七年戊辰（六六八）正月三日戊子		
弘文		天智天皇十年辛未（六七一）十二月五日丁卯		
天武		癸酉歳（六七三）二月二十七日癸未	二年癸酉十一月十六日丁卯	播磨 丹波
持統		朱鳥四年庚寅（六九〇）正月朔戊寅	朱鳥五年辛卯（六九一）十一月	播磨 因幡
文武	元年丁酉（六九七）八月朔甲子受禅	同日	二年戊戌（六九八）十一月二十三日己卯	美濃 尾張

元明		慶雲四年丁未（七〇七）七月十七日壬子	和銅元年戊申（七〇八）十一月廿一日己卯	遠江 但馬
元正	霊亀元年乙卯（七一五）九月二日庚辰受禅	同日	霊亀二年丙辰（七一六）十一月十九日辛卯	遠江 但馬
聖武	神亀元年甲子（七二四）二月四日甲午受禅	同日	同年十一月二十三日己卯	播磨 備前
孝謙	天平勝宝元年己丑（七四九）七月二日受禅	同日	天平勝宝元年己丑（七四九）十一月廿五日乙卯	因幡 美濃
淳仁	天平宝字二年戊戌（七五八）八月朔庚子受禅	同日	同年戊戌十一月二十三日辛卯	丹波 播磨
称徳	天平宝字八年甲辰（七六四）十月九日壬申践祚	同日	天平神護元年乙巳（七六五）十一月廿二日己卯	美濃 越前
光仁		宝亀元年庚戌（七七〇）十月朔己丑	宝亀二年辛亥（七七一）十一月廿一日癸卯	参河 因幡
桓武	天応元年辛酉（七八一）四月三日辛卯受禅	同年同月十五日癸卯	同年十一月十三日丁卯	越前 備前
平城	大同元年丙戌（八〇六）三月十七日辛巳践祚	同年五月十八日辛巳	大同三年戊子（八〇八）十一月十四日辛卯	伊勢 備前
嵯峨	大同四年己丑（八〇九）四月三日戊寅受禅	同年同月十三日戊子	弘仁元年庚寅（八一〇）十一月十九日乙卯	参河 美作
淳和	弘仁十四年癸卯（八二三）四月十六日庚子受禅	同年同月二十七日辛亥	同年十一月十七日丁卯	美濃 丹波
仁明	天長十年癸丑（八三三）二月二十八日乙酉受禅	同年三月六日癸巳	同年十一月十五日丁卯	近江 備中
文徳	嘉祥三年庚午（八五〇）三月二十一日己亥践祚	同年四月十七日甲子	仁寿元年辛未（八五一）十一月廿三日辛卯	伊勢 播磨

清和	天安二年戊寅（八五八）八月二十七日乙卯践祚	同年十一月七日甲子	貞観元年己卯（八五九）十一月十六日丁卯	参河 美作
陽成	貞観十八年丙申（八七六）十一月二十九日壬寅受禅	元慶元年丁酉（八七七）正月三日乙亥	同年十一月十八日乙卯	美濃 備中
光孝	元慶八年甲辰（八八四）二月五日丙申践祚	同年同月二十三日甲寅	同年十一月二十二日己卯	伊勢 備前
宇多	仁和三年丁未（八八七）八月二十六日丁卯践祚	同年十一月十七日丙戌	仁和四年戊申（八八八）十一月二十二日乙卯	近江 播磨
醍醐	寛平九年丁巳（八九七）七月三日丙子受禅	同年同月十三日丙戌	同年十一月二十日辛卯	近江 丹波
朱雀	延長八年庚寅（九三〇）九月二十二日壬午受禅	同年十一月二十一日庚辰	承平二年壬辰（九三二）十一月十三日辛卯	近江 丹波
村上	天慶九年丙午（九四六）四月二十日庚辰受禅	同年同月二十八日戊子	同年十一月十六日癸卯	近江 備中
冷泉	康保四年丁卯（九六七）五月二十五日癸丑践祚	同年十月十一日丙寅	安和元年戊辰（九六八）十一月二十四日癸卯	近江 播磨
円融	安和二年己巳（九六九）八月十三日戊子受禅	同年九月二十三日丁卯	天禄元年庚午（九七〇）十一月十七日乙卯	近江 丹波
花山	永観二年甲申（九八四）八月二十七日甲辰受禅	同年十月十日丙戌	寛和元年乙酉（九八五）十一月二十一日辛卯	近江 丹波
一条	寛和二年丙戌（九八六）六月二十三日庚申践祚	同年七月二十二日戊子	同年十一月十五日己卯	近江 備中
三条	寛弘八年辛亥（一〇一一）六月十三日乙卯受禅	同年十月十六日乙卯	長和元年壬子（一〇一二）十一月二十二日乙卯	近江 丹波
後一条	長和五年丙辰（一〇一六）正月二十九日甲戌受禅	同年二月七日壬午	同年十一月十五日乙卯	近江 備中

後朱雀	長元九年丙子（一〇三六）四月十七日乙丑践祚	同年七月十日丙戌	同年十一月十七日辛卯	近江 丹波
後冷泉	寛徳二年乙酉（一〇四五）正月十六日癸酉受禅	同年四月八日甲午	永承元年丙戌（一〇四六）十一月十五日辛卯	近江 備中
後三條	治暦四年戊申（一〇六八）四月十九日庚申践祚	同年七月二十一日辛卯	同年十一月二十二日辛卯	近江 備中
白河	延久四年壬子（一〇七二）十二月八日壬午受禅	同年同月二十九日癸卯	承保元年甲寅（一〇七四）十一月二十一日乙卯	近江 丹波
堀河	応徳三年丙寅（一〇八六）十一月二十六日庚辰受禅	同年十二月十九日癸卯	寛治元年丁卯（一〇八七）十一月十九日丁卯	近江 備中
鳥羽	嘉承二年丁亥（一一〇七）七月十九日癸卯践祚	同年十二月朔壬午	天仁元年戊子（一一〇八）十一月二十一日丁卯	近江 丹波
崇徳	保安四年癸卯（一一二三）正月二十八日壬午受禅	同年二月十九日癸卯	同年十一月十八日丁卯	近江 備中
近衛	永治元年辛酉（一一四一）十二月七日辛未受禅	同年同月二十七日辛卯	康治元年壬戌（一一四二）十一月十五日癸卯	近江 丹波
後白河	久寿二年乙亥（一一五五）七月二十四日己巳践祚	同年十月二十六日丙子	同年十一月二十三日丁卯	近江 丹波
二條	保元三年戊寅（一一五八）八月十一日戊午受禅	同年十二月二十日壬午	平治元年己卯（一一五九）十一月二十三日癸卯	近江 丹波
六條	永万元年乙酉（一一六五）六月二十五日壬寅受禅	同年七月二十七日甲戌	仁安元年丙戌（一一六六）十一月十五日乙卯	近江 丹波
高倉	仁安三年戊子（一一六八）二月十九日壬子受禅	同年三月二十日壬午	同年十一月二十二日己卯	近江 備中
安徳	治承四年庚子（一一八〇）二月二十一日癸卯受禅	同年四月二十二日甲辰	寿永元年壬寅（一一八二）十一月二十四日辛卯	近江 丹波

後鳥羽	寿永二年癸卯（一一八三）八月二十日践祚	元暦元年甲辰（一一八四）七月二十八日甲寅即位	同年十一月十八日癸卯	近江 丹波
土御門	建久九年戊午（一一九八）正月十一日己酉受禅	同年三月三日庚子	同年十一月二十二日乙卯	近江 備中
順徳	承元四年庚午（一二一〇）十一月二十五日己酉受禅	同年十二月二十八日壬午	建暦二年壬申（一二一二）十一月十三日乙卯	近江 丹波
仲恭	承久三年辛巳（一二二一）四月二十日甲戌受禅	同日		
後堀河	承久三年辛巳（一二二一）七月九日辛卯践祚	同年十二月朔庚辰	貞応元年壬午（一二二二）十一月二十三日丁卯	近江 備中
四条	貞永元年壬辰（一二三二）十月四日庚辰受禅	同年十二月五日庚辰	嘉禎元年乙未（一二三五）十一月二十日己卯	近江 丹波
後嵯峨	仁治三年壬寅（一二四二）正月二十日癸卯践祚	同年三月十八日庚子	同年十一月十三日辛卯	近江 備中
後深草	寛元四年丙午（一二四六）正月二十九日己未受禅	同年三月十一日庚子	同年十一月二十四日己卯	近江 丹波
亀山	正元元年己未（一二五九）十一月二十六日乙丑受禅	同年十二月二十八日丙寅	文応元年庚申（一二六〇）十一月十六日己卯	近江 備中
後宇多	文永十一年甲戌（一二七四）正月二十六日甲辰受禅	同年三月二十六日癸卯	同年十一月十九日辛卯	近江 丹波
伏見	弘安十年丁亥（一二八七）十月二十一日戊寅受禅	正応元年戊子（一二八八）三月十五日庚子	正応元年戊子十一月二十二日癸卯	近江 備中
後伏見	永仁六年戊戌（一二九八）七月二十二日丁未受禅	同年十月十三日丁卯	同年十一月二十日癸卯	近江 丹波
後二条	正安三年辛丑（一三〇一）正月二十一日壬戌受禅	同年三月二十四日甲子	同年十一月二十日乙卯	近江 備中

花園	延慶元年戊申（一三〇八）八月二十六日壬子践祚	同年十一月十六日庚子	延慶二年己酉（一三〇九）十一月二十四日癸卯	近江 丹波
後醍醐	文保二年戊午（一三一八）二月二十六日戊午受禅	同年三月二十九日庚寅	同年十一月二十二日己卯	近江 備中
後村上	延元四年己卯（一三三九）八月十五日辛丑受禅	同年十月五日庚寅		
長慶		正平二十三年戊申（一三六八）三月十一日以後		
後亀山	正平二十三年戊申（一三六八）践祚	弘和三年癸亥（一三八三）十月二十七日以後	同年十一月十六日	
（北朝）光厳			正慶元年（一三三二）十一月十三日	
（北朝）光明			延元三年戊寅（一三三八）十一月十九日	
（北朝）崇光			正平五年庚寅（一三五〇）十月十九日	
（北朝）後光厳			正平九年甲午（一三五四）十一月十六日	
（北朝）後円融			天授元年乙卯（一三七五）十一月二十三日	
後小松	弘和二年壬戌（一三八二）四月十一日庚寅為　後円融院天皇皇太子　受禅	同年十二月二十八日壬寅即位	弘和三年癸亥（一三八三）十一月十六日乙卯	近江 丹波
称光	応永十九年壬辰（一四一二）八月二十九日壬午受禅	応永二十一年甲午（一四一四）十二月十九日戊子	応永二十二年乙未（一四一五）十一月二十一日乙卯	近江 備中
後花園	正長元年戊申（一四二八）七月二十八日戊寅践祚	永享元年己酉（一四二九）十二月二十七日己亥	永享二年庚戌（一四三〇）十一月十八日乙卯	近江 丹波

後土御門	寛正五年甲申（一四六四）七月十九日庚午受禅	寛正六年乙酉（一四六五）十二月二十七日庚子	文正元年丙戌（一四六六）十二月十八日乙卯	近江 丹波
後柏原	明応九年庚申（一五〇〇）十月二十五日丙午践祚	大永元年辛巳（一五二一）三月二十二日甲戌		
後奈良	大永六年丙戌（一五二六）四月二十九日壬午践祚	天文五年丙申（一五三六）二月二十六日壬子		
正親町	弘治三年丁巳（一五五七）十月二十七日丙午践祚	永禄三年庚申（一五六〇）正月二十七日甲午		
後陽成	天正十四年丙戌（一五八六）十一月七日戊戌受禅	同年同月二十五日丙辰		
後水尾	慶長十六年辛亥（一六一一）三月二十七日丁卯受禅	同年四月十二日壬午		
明正	寛永六年己巳（一六二九）十一月八日己丑受禅	寛永七年庚午（一六三〇）九月十二日戊子		
後光明	寛永二十年癸未（一六四三）十月三日甲子受禅	同年十月二十一日壬午		
後西	承応三年甲午（一六五四）十一月二十八日甲寅践祚	明暦二年丙申（一六五六）正月二十三日癸卯		
霊元	寛文三年癸卯（一六六三）正月二十六日乙未受禅	同年四月二十七日乙丑		
東山	貞享四年丁卯（一六八七）三月二十一日己亥受禅	同年四月二十八日乙亥	同年十一月十六日辛卯	近江 丹波
中御門	宝永六年己丑（一七〇九）六月二十一日庚申受禅	宝永七年庚寅（一七一〇）十一月十一日辛丑		
桜町	享保二十年乙卯（一七三五）三月二十一日辛卯受禅	同年十一月三日戊戌	元文三年戊午（一七三八）十一月十九日丁卯	近江 丹波

〔資料6〕

桃園	延享四年丁卯（一七四七）五月二日辛卯受禅	同年九月二十一日戊申	寛延元年戊辰（一七四八）十一月十七日丁卯	近江 丹波
後桜町	宝暦十二年壬午（一七六二）七月二十七日戊子受禅	宝暦十三年癸未（一七六三）十一月二十七日庚辰	明和元年甲申（一七六四）十一月八日乙卯	近江 丹波
後桃園	明和七年庚寅（一七七〇）十一月二十四日丙寅受禅	明和八年辛卯（一七七一）四月二十八日戊戌	同年十一月十九日乙卯	近江 丹波
光格	安永八年己亥（一七七九）十一月二十五日乙巳践祚	安永九年庚子（一七八〇）十二月四日戊申	天明七年丁未（一七八七）十一月二十七日辛卯	近江 丹波
仁孝	文化十四年丁丑（一八一七）三月二十二日乙丑受禅	同年九月二十一日壬戌	文政元年戊寅（一八一八）十一月二十一日乙卯	近江 丹波
孝明	弘化三年丙午（一八四六）二月十三日己亥践祚	弘化四年丁未（一八四七）九月二十三日己亥	嘉永元年戊申（一八四八）十一月二十一日辛卯	近江 丹波
明治	慶応三年丁卯（一八六七）正月九日甲子践祚	明治元年戊辰（一八六八）八月二十七日辛未	明治四年辛未（一八七一）十一月十七日辛卯	甲斐 安房
大正	明治四十五年（一九一二）七月三十日践祚	大正四年（一九一五）十一月十日	同年同月十四日	愛知県 香川県
昭和	大正十五年（一九二六）十二月二十五日践祚	昭和三年（一九二八）十一月十日	同年同月十四日	滋賀県 福岡県
平成	昭和六十四年（一九八九）一月七日践祚	平成二年（一九九〇）十一月十二日	同年同月二十二日	秋田県 大分県

参考文献（以上、大嘗祭に関する記述のある書を中心に比較的入手し易いもののみを掲げた。）

『儀式』（「故実叢書」三一、明治書院、昭和二十七年）。

『儀式・内裏式』（「神道大系」朝儀祭祀編、神道大系編纂会、昭和五十五年）。

『延喜式』践祚大嘗祭（「国史大系」、吉川弘文館、昭和五十年）。

『践祚大嘗祭』（「神道大系」朝儀祭祀編、神道大系編纂会、昭和六十年）。

『江家次第』（「故実叢書」二、明治書院、昭和二十八年）。

荷田在満『大嘗会儀式具釈』（「荷田全集」七、吉川弘文館、昭和七年）。

同『大嘗会弁蒙』（「荷田全集」七、吉川弘文館、昭和七年）。

折口信夫「大嘗祭の本義」（「折口信夫全集」三、中央公論社、昭和三年）。

関根正直『大礼要話』（御大礼研究会、昭和三年初版、神社新報社、昭和六十一年復刊）。

にいなめ研究会編『新嘗の研究』1東アジアの農耕儀礼（昭和二十八年初版、学生社、昭和五十三年復刊）。

同『新嘗の研究』2稲の祭儀（同右、学生社、昭和五十三年復刊）。

星野輝興『日本の祭祀』（祭祀学会、昭和四十三年初版、国書刊行会、昭和六十二年復刊）。

松前健「大嘗祭と記紀神話」（『古代伝承と宮廷祭祀』塙書房、昭和四十九年）。

西郷信綱「大嘗祭の構造」（『古事記研究』未来社、昭和四十八年）。

三品彰英「天孫降臨神話異伝考」（三品彰英論文集3『建国神話の諸問題』平凡社、昭和四十八年）。

同「大嘗祭」（同右5『古代祭政と穀霊信仰』平凡社、昭和四十八年）。

田中初夫『践祚大嘗祭』（木耳社、昭和五十年）。

内閣大礼記録編纂委員会『昭和の御大典』昭和大礼要録抄（神道文化会、昭和五十三年）。

皇學館大学神道研究所編『大嘗祭の研究』（皇學館大学出版部、昭和五十三年）。

川出清彦『祭祀概説』（学生社、昭和五十三年）。

真弓常忠『日本古代祭祀の研究』（学生社、昭和五十三年）。

岡田精司編『大嘗祭と新嘗』（学生社、昭和五十四年）。

井上辰雄『古代王権と語部』（歴史新書、教育社、昭和五十四年）。

倉林正次『天皇の祭りと民の祭り』大嘗祭新論（第一法規出版、昭和五十八年）。

真弓常忠『神と祭りの世界』（朱鷺書房、昭和六十年）。

八木意智男『大嘗会和歌の世界』（皇學館大学出版部、昭和六十一年）。

平野孝国『大嘗祭の構造』（ぺりかん社、昭和六十一年）。

吉野裕子『大嘗祭』天皇即位式の構造（弘文堂、昭和六十二年）。

三浦周行『即位礼と大嘗祭』（京都府教育会、大正三年初版、神社新報社、昭和六十二年復刊）。

八木意知男『大嘗会本文の世界』（皇學館大学出版部、昭和六十四年一月七日）。

皇學館大学神道研究所編『続　大嘗祭の研究』（皇學館大学出版部、平成元年六月）。

文庫版あとがき

本書に云おうとしたところは、要するに儀礼（ritual）の象徴性の問題である。儀礼は見えないものを可視させる装置であるとも、また儀礼は常に一つの中心をつくり出し、中心化は国家形成において極まり、倫理化された儀礼において中心化は達成されるともいう。それは洋の東西、未開と文明、体制の如何を問わず行われてきた、また現に行われている事実である。

わが国においては、邑落の共同体や家々で行われている民間土俗の各種儀礼、鎮守氏神の祭、そしてそれらすべてを統合した形で天皇の行われる神宮や宮中の祭祀が、社会の中心化を進め、日本国民の統合の機能を果してきた。儀礼は一つの中心化へと向わせるという理論の典型がここにあったわけである。

常に拡散し分裂の危険をはらんでいるのは国家というものの一般的性格であるが、これの統合をはかり、文化的アイデンティティを維持していくことのできるものになにがあるか。われわれは、ここにかけがえのない象徴体系として、大嘗祭をはじめとする一連の儀礼を有していることは誇りとしてよいものと思う。

万世一系ということに加えて、神器のご承継と、さらに伝統的な儀礼が必要であった。それによって聖なる権威を承け継がれることになる最大最重の儀礼である。それがほかならぬ大嘗祭であった。

本書は、この大嘗祭とはなにかを、できるだけわかり易く、簡潔に説明したつもりである。とは云え、年輩の方にはともかく、若い人びとには馴染みのない用語も多く、かなり難解とされる向もあろう。しかし、決して観念論ではなく、事実に基いて原型を探りつつ、大嘗祭の全体像を描いたつもりである。

本書の稿を了えたのは、昭和六十二年八月の末であった。昭和から平成へと変わる時代であったが、本年再び本書が刊行することとなったことについては、筑摩書房・ちくま学芸文庫編集部の海老原勇氏、渡辺英明氏に多大のご高配に預かった。同氏をはじめ関係各位に衷心より謝意を表したい。

終りに、聖寿の長久と宝祚の無窮を祈り、大嘗祭について広く国民の理解が得られることを心から期待する次第である。

平成三十一年三月六日

真弓常忠

本書は一九八八年三月八日、国書刊行会から刊行された。

戦国の城を歩く　千田嘉博

室町時代の館から戦国の山城へ、そして信長の安土城へ。城跡を歩いて、その形の変化を読み、新しい中世の歴史像に迫る。（小島道裕）

性愛の日本中世　田中貴子

稚児を愛した僧侶、「愛法」を求めて稲荷山にもうでる貴族の姫君。中世の性愛信仰・説話を介して、日本のエロスの歴史を覗く。（川村邦光）

琉球の時代　高良倉吉

いまだ多くの謎に包まれた古琉球王国。成立の秘密や、壮大な交易ルートにより花開いた独特の文化を探り、悲劇と栄光の歴史ドラマに迫る。（与那原恵）

増補 倭寇と勘合貿易　田中健夫 村井章介編

14世紀以降の東アジアの貿易の歴史を、各国の国内事情との関連で論じたグローバル・ヒストリーの先駆的名著。（村井章介）

世界史のなかの戦国日本　村井章介

世界史の文脈の中で日本列島を眺めてみるとそこには意外な発見が！　戦国時代の日本はそうとうにグローバルだった！（橋本雄）

増補 中世日本の内と外　村井章介

国家間の争いなんておかまいなし。中世の東アジア人は海を自由に行き交い生計を立てていた。私たちの「内と外」の認識を歴史からたどる。（榎本渉）

博徒の幕末維新　高橋敏

黒船来航の動乱期、アウトローたちが歴史の表舞台に躍り出てくる。虚実を腑分けし、稗史を歴史の中に位置付けなおした記念碑的労作。（鹿島茂）

増補 〈歴史〉はいかに語られるか　成田龍一

「国民の物語」としての歴史は、総動員体制下いかに機能したか。多様なテキストから過去／現在を語る装置としての歴史を問い直す。（福井憲彦）

日本の百年（全10巻・分売不可）　鶴見俊輔／松本三之介／橋川文三／今井清一編著

明治・大正・昭和を生きてきた人々の息づかいが実感できる、臨場感あふれた迫真のドキュメント。いま私たちが汲みとるべき歴史的教訓の宝庫。

明治国家の終焉　坂野潤治

日露戦争後の財政危機が官僚閥と議会第一党の協調による「一九〇〇年体制」を崩壊させた。戦争を招いた二大政党制の迷走の歴史を辿る。（空井護）

近代日本とアジア　坂野潤治

近代日本外交は、脱亜論とアジア主義の対立構図により描かれてきた。そうした理解が虚像であることを精緻な史料読解で暴いた記念碑的論考。（苅部直）

増補 モスクが語るイスラム史　羽田正

モスクの変容——そこには宗教、政治、経済、美術、人々の生活をはじめ、イスラム世界の全歴史が刻み込まれている。その軌跡を色鮮やかに描き出す。

餓死《うえじに》した英霊たち　藤原彰

第二次大戦で死没した日本兵の大半は飢餓や栄養失調によるものだった。彼らのあまりに悲惨な最期を詳述し、その責任を問う告発の書。（一ノ瀬俊也）

裏社会の日本史　フィリップ・ポンス　安永愛訳

中世における賤民から現代社会の経済的弱者まで、また江戸の博徒や義賊から近代以降のやくざまで——フランス知識人が描いた貧困と犯罪の裏日本史。

古代の朱　松田壽男

古代の赤色顔料、丹砂。地名から産地を探ると同時に古代史が浮き彫りにされる。標題論考に、「即身佛の秘密」、自叙伝「学問と私」を併録。

横井小楠　松浦玲

欧米近代の外圧に対して、儒学的理想である仁政を基に、内外の政治的状況を考察し、政策を立案し遂行しようとした幕末最大の思想家を描いた名著。

古代の鉄と神々　真弓常忠

弥生時代の稲作にはすでに鉄が使われていた！　原型を遺さないその鉄文化の痕跡を神話・祭祀に求め、古代史の謎を解き明かす。（上垣外憲一）

古代大和朝廷　宮崎市定

記紀を読み解き、中国・朝鮮の史料を援用して、日本の古代史を東洋と世界の歴史に位置づける、壮大なスケールの日本史論集。（砺波護）

ちくま学芸文庫

大嘗祭《だいじょうさい》

二〇一九年四月十日　第一刷発行

著　者　真弓常忠（まゆみ・つねただ）
発行者　喜入冬子
発行所　株式会社　筑摩書房
東京都台東区蔵前二―五―三　〒一一一―八七五五
電話番号　〇三―五六八七―二六〇一（代表）
装幀者　安野光雅
印刷所　株式会社精興社
製本所　株式会社積信堂

ISBN978-4-480-09919-8 C0114